教育部人文社会科学研究规划基金项目
（项目批准号：18YJA890002）

体育传媒数字技术系列教材

体育赛事现场直播技术与应用

TECHNOLOGY AND APPLICATION OF LIVE BROADCASTING IN SPORTS EVENTS

编著◇崔俊铭　庞　静
参编◇丁斯妤　欧阳亨星　杨诗奎
　　　孙宇琦　刘　聪　蔡长翼

华中科技大学出版社
http://press.hust.edu.cn
中国·武汉

内 容 简 介

本书是高等院校传媒类专业系列教材之一。本书结合现场直播发展的历史和当前最新的现场直播技术，吸纳了来自多学科的知识，阐述了最新技术的应用，力求为读者提供一本具有可操作性的、实用的体育赛事现场直播技术教材。

本书以体育赛事为基本框架，介绍了现场直播转播技术的发展、直播系统构建、直播团队的建设和体育赛事直播版权保护等，对体育赛事中的大球运动赛事、小球运动赛事、田径赛事、户外运动赛事、水类赛事、技击类赛事和表演类赛事进行了探讨，并根据体育赛事各项目的特点和赛事规则，深入讲解了体育赛事各项目的现场直播技术与应用。全书共分为十一章。

本书可以作为新闻学、传播学、广播电视新闻学、广播电视编导、播音与主持艺术等专业的教材，也可供广播电视和新媒体从业人员作为参考资料。

本书在内容上或许还存在很多不足之处，希望学界和业界的专家和读者提出宝贵意见和建议，以便在下一版时进行更新和改进。

图书在版编目(CIP)数据

体育赛事现场直播技术与应用/崔俊铭,庞静编著. —武汉:华中科技大学出版社,2023.7(2024.8重印)
ISBN 978-7-5680-9563-1

Ⅰ.①体… Ⅱ.①崔… ②庞… Ⅲ.①体育运动-运动竞赛-现场直播-研究 Ⅳ.①G808.22

中国国家版本馆 CIP 数据核字(2023)第 111679 号

体育赛事现场直播技术与应用
Tiyu Saishi Xianchang Zhibo Jishu yu Yingyong

崔俊铭　庞　静　编著

策划编辑：范　莹
责任编辑：朱建丽
封面设计：原色设计
责任校对：谢　源
责任监印：周治超

出版发行：华中科技大学出版社(中国·武汉)　　电话：(027)81321913
　　　　　武汉市东湖新技术开发区华工科技园　　邮编：430223
录　　排：武汉市洪山区佳年华文印部
印　　刷：武汉市首壹印务有限公司
开　　本：787mm×1092mm　1/16
印　　张：11.75
字　　数：273千字
版　　次：2024年8月第1版第2次印刷
定　　价：38.00元

本书若有印装质量问题，请向出版社营销中心调换
全国免费服务热线：400-6679-118　竭诚为您服务
版权所有　侵权必究

作者简介

崔俊铭,男,广东电白人,博士研究生,现为广州体育学院体育传媒学院党委书记、副教授、硕士生导师。主要从事体育赛事现场直播技术、媒体知识产权等方面的研究和教学。在国内外专业学术期刊上发表论文10余篇;主持教育部、国家体育总局和校级科研项目6项,参与国家社会科学基金项目、省部级科研项目4项;主持、指导技术实践项目6项;多次参与国际、国家等级别体育赛事现场直播转播信号制作。

庞静,女,广东湛江人,硕士研究生,现为广东农工商职业技术学院讲师、律师。主要研究方向是民商法和知识产权。在专业学术期刊上发表论文10余篇;参与教育部课题1项、省部级科研项目3项;主持校级教改项目1项。

序言

由广州体育学院体育传媒学院崔俊铭博士等撰写的《体育赛事现场直播技术与应用》一书，即将由华中科技大学出版社出版，在即将付梓之际，作者嘱我为其作序，我欣然应允。一来，因为崔俊铭博士是我的好搭档，他担任学院党委书记，我担任学院院长，平时工作配合默契、相互支持、相互帮助，合作愉快；二来，工作之余，我俩也经常利用业余时间，在办公室备课、看书、做科研，经常相互交流学术观点和看法，也算是学术之路上的同行者；三来，崔俊铭博士作为"广体传媒"直播实践团队的负责人，带领师生承担了一系列大型体育赛事的现场直播，受到学界和业界的好评，自然会有不少心得体会融入本书。所以，能有机会在正式出版之前，作为读者，先人一步，领略该书风采，也算是人生一大幸事，为其写序，自然心生欢喜。

拿到书稿后，我认真拜读了全书。全书一共分为十一章，在第一章概述直播转播技术之后，作者随后较深入地探讨了体育赛事现场直播技术与应用中的相关问题；第二章重点介绍了直播系统构建问题；第三章重点探讨了直播团队的建设问题；第四章重点探讨了大球运动赛事直播技术问题；第五章重点探讨了小球运动赛事直播技术问题；第六章重点探讨了田径赛事直播技术问题；第七章重点探讨了户外运动赛事直播技术问题；第八章重点探讨了水类赛事直播技术问题；第九章重点探讨了技击类赛事直播技术问题；第十章重点探讨了表演类赛事直播技术问题；第十一章重点探讨了体育赛事直播版权保护问题。全书紧扣体育赛事现场直播这一主题，中心突出，条理清楚，分析深入，图文并茂，语言文字通俗易懂，为愿意学习体育赛事现场直播技术者,提供了一本很好的教学参考用书。我相信广大读者在阅读本书之后,能够达到开卷有益的目的,能够较快速地掌握体育赛事现场直播技术的应用知识,学会应用现场直播技术解决融媒体时代的体育赛事现场直播问题,为促进体育强国建设、发展体育产业、促进体育事业、构建体育比赛媒介新场景和丰富新时代百姓业余生活,做出积极贡献。

目前,全国上下都在深入学习党的二十大精神,为加快推进中国式现代化建设做出各自应有的贡献,体育产业、体育赛事也正迎来发展的黄金时期,这必将进一步促进体育赛事现场直播技术的发展,也必将为体育赛事现场直播技术提供更加广泛的应用平台。我相信本书的出版,能够为广大有需之士,提供足够和及时的精神食粮,来更好地满足开展体育赛事现场直播这一重要事业的需要。我也期待崔俊铭博士能够学术之树常青,在新闻传播学学术园地里,结出更多丰硕的果实。

是为序。

广州体育学院体育传媒学院院长

肖灵 教授

2023 年 2 月 16 日晚书于广州体育学院科研楼办公室

目录

第一章 直播转播技术概述 (1)
  第一节 现场直播技术的发展 (1)
  第二节 现场直播技术的特点 (5)
  第三节 现场直播技术应用 (6)
  第四节 体育赛事直播技术应用 (12)

第二章 直播系统构建 (17)
  第一节 切换台 (17)
  第二节 摄像机 (26)
  第三节 字幕系统 (30)
  第四节 音频系统 (36)
  第五节 通话系统 (45)
  第六节 录像系统 (49)
  第七节 信号传输系统 (57)
  第八节 播出平台 (60)
  第九节 其他 (66)

第三章 直播团队的建设 (71)

第四章 大球运动赛事直播技术 (80)
  第一节 足球 (80)
  第二节 篮球 (90)
  第三节 排球 (97)

第五章 小球运动赛事直播技术 (103)
  第一节 乒乓球 (103)
  第二节 羽毛球 (111)

第三节　网球 …………………………………………………… (116)
第六章　田径赛事直播技术 …………………………………………… (123)
　　　第一节　田径运动的发展与特点 ……………………………… (123)
　　　第二节　田赛项目直播技术应用 ……………………………… (126)
　　　第三节　径赛项目直播技术应用 ……………………………… (130)
第七章　户外运动赛事直播技术 ……………………………………… (134)
　　　第一节　户外运动 ……………………………………………… (134)
　　　第二节　马拉松项目直播技术 ………………………………… (136)
　　　第三节　自行车项目直播技术 ………………………………… (140)
第八章　水类赛事直播技术 …………………………………………… (144)
　　　第一节　水类运动项目发展与特点 …………………………… (144)
　　　第二节　速度赛项目直播技术应用 …………………………… (146)
　　　第三节　技术赛项目直播技术应用 …………………………… (149)
第九章　技击类赛事直播技术 ………………………………………… (152)
　　　第一节　技击运动项目发展与特点 …………………………… (152)
　　　第二节　技击类项目直播技术应用 …………………………… (155)
第十章　表演类赛事直播技术 ………………………………………… (162)
　　　第一节　表演类运动项目的发展与特点 ……………………… (162)
　　　第二节　表演类项目直播技术应用 …………………………… (163)
第十一章　体育赛事直播版权保护 …………………………………… (168)
附录　导播工作有关术语 ……………………………………………… (175)

第一章 直播转播技术概述

随着广播电视媒体技术的发展和应用,现场直播转播成为各级各地电视台经常采用的播出方式。

现场直播转播的演绎方式灵活、内容丰富,在体育赛事、重大庆典活动、电视新闻等领域应用十分广泛,由于现场直播节目播出的延时性低、时效性强,让观众可以相对实时观看现场实况,有亲临其境的感官享受,深受观众欢迎。

第一节 现场直播技术的发展

随着时代的发展,电视节目现场直播转播的制作方式受到越来越多人的喜爱,很多电视节目纷纷采用这种方式制作节目,为观众带来更多精彩和感动。

一、认识现场直播

(一)现场直播的含义

现场直播分为文字图片直播、音频广播直播和视频直播,这里所讲述的现场直播为视频直播。

现场直播,顾名思义就是对现场情况进行直接传播,在实践中也称为实况转播,英文译为 live broadcasting,简称 LIVE。

现场直播是一种视听节目制作方法和传播方式,是指应用现场摄制、播放和实时传输技术,通过对现场的文体活动或事件在现场进行拍摄和制作,以形成完整的一档节目,最终将节目信号实时向观众传播。

现场直播主要分为重大活动类现场直播和新闻直播两大类,前者包括文艺、体育、重大会议、重大庆典等活动,具有大致的规律和预测性;后者是指正在发生的新闻事件,具有不可预测性和不可控性。

体育赛事现场直播是指对体育赛事进行实况转播,如奥运会、亚运会、足球世界杯、中超足球赛和CBA篮球联赛或小型的民间体育赛事等。

(二)现场直播的作用

1. 现场直播有利于广播电视媒体树立权威

所谓现场直播,重点在于现场,即将事件现场的情况及时向观众传播,可以帮助广播电视媒体树立权威,处于竞争的有利地位。

对广播电视媒体而言,他们更加擅长具体的、动态的、即时的、可视听的事件的报道和传播,而现场直播的方式则契合了广播电视媒体的需求和优点,是广播电视媒体节目制作和传播方式的不二选择。

2. 现场直播有利于广播电视媒体争取观众群

通过现场直播,观众不仅可以了解事件的结果,还可以感受事件发生的过程,满足观众的好奇心和求知欲,符合观众的心理需求。

新闻媒体之间的竞争,说到底就是信息和观众的争夺,如果可以在第一时间内将有价值的信息最快、最好且详尽全面地传达给观众,必然会赢得观众的信赖和喜爱。例如,当遇到重大事件(重大体育赛事、重大庆典等)发生时,广播电视媒体一般会第一时间采取现场直播方式。因此,现场直播是目前最好的传播方式之一。

(三)现场直播的传输方式

现场直播需要将信号从现场传输到电视台,常见的传输方式有以下四种。

1. 卫星传输

卫星传输通过卫星将现场信号传输至电视台,然后由电视台将信号转播到千家万户。卫星传输方式需要通过卫星转发器转发现场信号,具有较远的传输距离且受外界环境影响较小。

2. 微波传输

微波传输是一种无线点对点的传输方式,主要由发射机、天线和接收系统组成[①],但其信号质量容易受到建筑物或障碍物阻挡而受影响,且传输距离有限。因此,微波传输方式适用于较为空旷的场所,是最传统的传输方式之一。

3. 光纤传输

光纤传输是将光纤作为信号传输介质,通过光端机实现信号传输和信号接收。一般而言,光端机的接收端和发射端是配套使用的,有模拟信号和数字信号两种不同类型。光纤传输是最常用的传输方式之一。

4. 互联网传输

互联网传输是借助互联网,将现场信号数字转码后按照规定的视频传输协议,通过互

---

① 梁丰程.浅谈IP传输在电视直播中的应用[J].视听.2019(09):263-264。

联网转送回电视台接收终端或实现多点接收。随着互联网技术的发展,基于 IP 组播方式传输电视节目是一个趋势,互联网传输将进一步促进未来超高清视频发展,更好地满足广播电视长期发展的需要。

二、现场直播技术的起源和发展

现场直播转播是观众司空见惯的电视节目播出形态,是当今电视节目中主流的节目传播样态。

随着现场直播转播技术的不断发展,现场直播转播不再局限于重大活动领域,越来越多的电视节目开始采用现场直播方式。

(一)现场直播技术的起源

现场直播技术和电视技术息息相关,可以说,正是电视技术的发展促进了现场直播技术的诞生。1925 年 10 月 2 日,苏格兰发明家约翰·洛吉·贝尔德(John Logie Baird)在实验中"扫描"出木偶的图像,虽然当时的图像并不清晰且模糊不清,但这为现场直播的出现奠定了基础,提供了相关技术。

现场直播最早可以追溯到 20 世纪 20 年代,1931 年,贝尔德通过电影院的大银幕,将英国德比市赛马活动的场面呈现出来,并有 4000 多人观看,这可以说是最早的现场直播。随后,现场直播这种技术和手段得到广泛欢迎和认同,1936 年世界上第一个电视台 BBC 诞生,开始正式播出电视节目,并对电视台节目制作与传输进行相关规定。当时,由于实时信号的存储技术尚未得到解决,大部分电视节目均采用现场直播的方式进行制作和播出,只有少部分节目拍摄为胶片,然后经过冲洗和剪辑后播出。

(二)我国电视直播技术的发展

在第二次世界大战结束后,广播电视传播技术得到飞速发展,尤其是美国的电视技术有着相对的领先领域,确立了电视媒介发布信息和提供娱乐的两大功能。

和发达国家相比,我国电视直播技术应用较晚,在制作技术和节目形态上发生着明显改变,主要经历了以下三个阶段的发展,如图 1-1 所示。

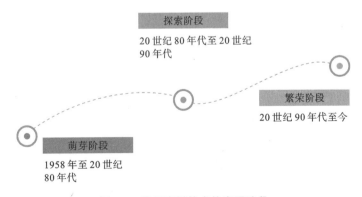

图 1-1 我国直播技术的发展阶段

1. 萌芽阶段(1958年至20世纪80年代)

1958年,电视现场直播技术开始传入中国,受到外部因素的影响,直至20世纪80年代,我国现场直播技术都没有得到明显发展,仅仅是"最原始的直播"。在电视直播节目中,基本以重要的体育竞技、会议进程及文艺晚会为主,新闻类的直播节目寥寥可数。直至1973年,我国租用国际通信卫星对美国总统尼克松访华事件进行电视直播,才出现了真正意义上的电视新闻现场直播。

在这一时期,电视现场直播具有品种贫乏、形式单一的特点,属于现场直播技术的萌芽阶段。

2. 探索阶段(20世纪80年代至20世纪90年代)

由于改革开放的发展,改革发展思潮为中国社会注入了新的生机,人们的思想观念开始发生转变,中国社会发生了翻天覆地的变化,社会环境越来越宽松。在这样的背景下,中央电视台敢于创新,引进世界上先进的电子技术,奠定了中国电视事业发展的基础,电视现场直播技术进入探索阶段。

首先,体育类直播发展迅速。以全国性运动会为主体的现场直播开始走向国际舞台,我国大规模地现场实况转播亚洲运动会(简称亚运会)、奥林匹克运动会(简称奥运会)及国际马拉松比赛等活动。

其次,文艺类直播发展并不示弱,不仅在现场实况转播格式方面有所发展,而且播出形式有所转变,即可以提前录制并进行制作之后进行播出。这样的播出形式,丰富了电视节目的制作方式。

最后,电视新闻现场直播开始崛起,和萌芽阶段相比,这一阶段的电视新闻现场直播得到长远发展,应用现场直播技术报道新闻事件的模式越来越成熟,数量不断增加。

在电视现场直播探索阶段,具有直播形态日趋完善、直播产品初具规模、直播方式不可或缺的特点。

3. 繁荣阶段(20世纪90年代至今)

20世纪90年代以后,中国电视事业以全新的姿态走上了繁荣和振兴的道路,新闻、体育、文艺、经济等各类现场直播活跃在社会的各个领域,渗透在社会的多个层面中。

20世纪末至21世纪初,我国推出一系列电视新闻现场直播节目,说明我国电视新闻事业走向繁荣阶段。例如,1997年,中央电视台先后举行了6次大规模的直播活动,包括"香港回归"直播、"南昆铁路全线铺通"直播等,不仅创造了我国电视新闻现场直播时长的新纪录,而且开创了电视现场直播新形势。因此,1997年被称为中国电视的"直播年"。

同时,各个地方台也纷纷开设直播节目,如江苏省广播电视台的《南京零距离》和安徽广播电视台的《第一时间》等,其直播节目领域有所延伸和扩展,随后,电视现场直播成为全国各级媒体新闻报道的第一选择。

在现场直播技术方面,我国很多县级电视台都配置了卫星转播车,弥补了在国内新闻现场直播报道方面的弱势,对支援央视现场直播起到了积极作用。

在电视直播繁荣阶段,具有直播节目类别多样、直播手段日趋成熟、直播精品层出不穷、直播生产形成规模的特点。

总之,随着技术、产业环境及社会需求方面的变化及发展,现场直播技术一直在发展变化着,从早期的电视台小规模、机械录制发展到现在的高投入、大制作、大产业,经历了将近 80 年[1]。现阶段直播技术已经相对成熟,是电视节目制作不可缺少的技术和手段。

第二节　现场直播技术的特点

与录播不同,现场直播集报道、摄录、播出等诸多环节于一体,即上述环节在同一事件、同一现场进行,强调即时播出和直接报道。现场直播是重大事件最常用的报道方式,具有以下特点和优势,如图 1-2 所示。

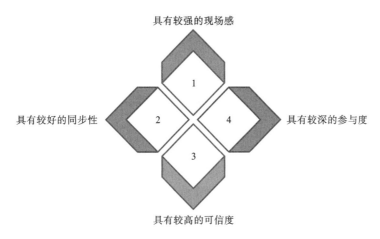

图 1-2　现场直播技术的特点

一、具有较强的现场感

现场感强是现场直播技术最显著的特征之一,其现场感主要来自对现场空间和时间同步的感受。现场直播技术将现场发生的事件、人物、细节、氛围等诸多因素进行组合,通过对时空的连续展现,为观众带来一场视听盛宴。

在现场直播技术中,不仅需要拍摄现场情况,同时需要对现场情况进行口述解说,其现场感主要体现在以下两个方面。

首先,现场直播的摄录工作通常是由多台摄像机从多个机位进行拍摄的,而不同的机位设置拍摄的角度不同,所呈现的画面自然也不尽相同,通过对机位、画面巧妙调度和切换,会给观众带来更为清晰、强烈的感受。例如,在体育赛事直播现场,观众通过现场直播可以看到比赛过程中激烈、紧张的时刻,还可以看到其他机位拍摄的运动员的表情、状态等,为观众带来更好的现场体验感。

其次,在现场直播过程中,还会配合现场进行口述解说,解说员充当观众的"眼睛",主

---

[1]　严波.现场直播节目版权保护研究[D].上海:华东政法大学,2015。

要负责口述此时此刻在现场发生的事件,将事件的相关背景和资料进行整理并将其传达给观众,甚至会梳理事件的发展脉络、预测事件后续发展,从而加深直播过程的现场感。

二、具有较好的同步性

现场直播技术的另一大特点就是报道和播出同步进行,具有较好的同步性。在录播时代,每个画面和事件在播出前,都要经历画面拍摄、文字解说员、播音员准备等一系列步骤,最终得以呈现在观众面前。现场直播技术的出现改变了上述情况,其省略了编辑、后期制作等过程,应用纪实的手法,将事件的起源、发展过程等实时同步播出,最大限度满足了观众第一时间获知新闻的需求。

现场直播技术对传播观念产生了积极影响,最显著的变化是"现在的新闻现在报道",这最大限度缩短了观众和实践发生的时间距离,保持着观众和事件进展的同步感,和其他直播技术相比具有得天独厚的优势。

三、具有较高的可信度

在传统的直播方式中,通常需要经过多级传播最终才得以呈现在观众面前,其信息损失和信息畸变等问题难以避免。而现场直播技术则没有这样的困扰,其以多种符号将信息直接传达给观众,具有较高的可信度。例如,观众可以对现场环境或其他画面中的参照物进行分析观察,将直播内容和表述信息进行匹配,自行对事件的真实性进行判断。

一般而言,现场直播技术将未经合成、编辑的信息直接传达给观众,不需要经过中间环节,信息损耗较小,因此具备较高的信息可信度。

四、具有较深的参与度

现场直播是对事件的同步跟踪报道,而事件的发展往往是未知的,没有人可以对事件的发展趋势和结果进行准确预测,因此更容易调动观众的情绪并创造参与感。

相对于过去录像加解说的直播方式,现场直播的解说员通常会以观众的角度对现场进行分析和观察,叙述事件的细节、人物背景、前因后果等,帮助观众获得较深的参与度,提升观众对事件的期待感。同时,现场直播技术的应用,观众可以更加直观地感受到现场气氛,理解难度较小,增强了交流中情感的传递,具有十分显著的优势。

第三节 现场直播技术应用

对观众来说,现场直播技术具有重要的价值和意义,主要体现在以下两个层面:一是实时,即直播内容具有真实感,其内容无须后期制作,而是进行实时播放;二是强调现场,即直播内容是实时的现场,使得事件更加靠近观众,最大限度消除距离感。

在大型体育赛事中,通常会采用现场直播技术进行实况转播,给观众带来现场、实时的发展情况,超越时间和空间的限制,帮助观众感受现场的氛围、情绪等,使观众有身临其境的感觉。常用的现场直播技术系统有以下几种。

一、EFP 系统

EFP 系统即电子现场制作(electronic field production)系统,是电视技术迅速发展的产物,是一种适用于电视台之外或者现场作业的节目生产方式,其基本组成、作用和制作流程如下。

(一) EFP 系统组成

EFP 系统是集拍摄和编辑为一体的一整套设备系统,主要用来进行现场拍摄和现场编辑,其基本组成包括两台以上的摄像机、一台以上的视频信号切换台、一台音响操作台、其他辅助设备(灯光、录像机运载工具、话筒等),如图 1-3 所示。当然,随着 EFP 系统的不断发展和成熟,相关配置越来越全面,有些 EFP 系统还包括现场包装机、字幕机、录像机等。

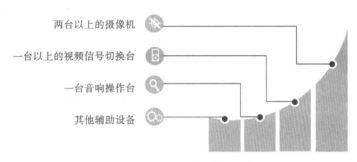

图 1-3 EFP 系统的基本组成

EFP 系统是对演播室、转播车设备的一种补充,不仅可以承担部分节目的制作任务,还可以完成某些特殊条件下的节目制作任务,相当于小型的临时演播室,具有现场切换画面的功能,其操作灵活、调整简单直观、运输方便快捷,如图 1-4 所示。

图 1-4 工作人员在操作 EFP 系统

应用 EFP 系统,再加上必要的工作人员,包括导播、摄像师、音频技术人员、视频技术人员、字幕操作员等,基本就可以完成现场直播,其操作流程包括如下。

(1) 摄像师现场应用摄像机进行多机位拍摄;

(2) 话筒现场拾音或接入现场调音台音频;

(3) 导播现场根据需要切换画面;

(4) 将经过多镜头切换编辑后叠加字幕的视频信号及经过录音合成具有同期声的音频信号等编辑输出;

(5) 附加上各种同步或消隐信号的综合信号,最终形成节目信号;

(6) 该节目信号通过电视台的播控中心直接传输给发射台。

通过上述流程,观众就可以接收到直播节目了。当然,也可以通过录像机将事件记录下来,然后加以必要的编辑再对其进行播出。

(二) EFP 方式的作用

由于 EFP 方式制作的节目是在现场完成的,其制作工序简单、播出时效快,对整个摄制组的合作协同要求较高,需要导播及时对不同对象、角度、镜头穿插、节奏变化、技巧等做出合理安排,并指挥调度各个工作人员及时配合自身的工作。因此,EFP 方式又称为"即时制作方式"。

应用 EFP 方式,不仅可以进行现场直播,还可以进行现场录像,两者的区别在于,前者会在事件发展的同时播出电视节目,后者则是在事件发展的同时进行录制,然后再播出。

总之,无论采取哪种播出方式,通过 EFP 方式制作节目,事件的发生、发展等往往与制作过程同步,EFP 方式具有极强的现场性,可最大限度发挥电视的独特优势,是电视节目(如专题、艺术、体育类节目)应用较广、深受青睐的节目制作方式。

(三) EFP 系统的制作流程

某些事件的发展进程并不会受到电视节目播出的影响,如大型会议和体育比赛等,采用 EFP 方式对事件进行电视节目直播或录制最为合适,其制作流程如图 1-5 所示。

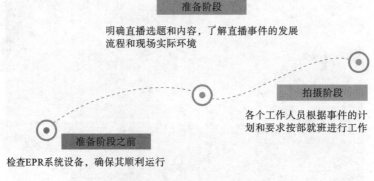

图 1-5 EFP 系统制作流程

1. 准备阶段之前

在电子现场制作准备阶段之前,技术人员应对设备进行检查,确保设备可以正常工作,检查流程如下:确保各个端口、各个通路的信号连接正常,可以完成视频、音频信号的收集;确保摄像机工作正常,可以拍摄到正常的画面;确保切换台设备可以正常工作,切换功能正常;确保音响操作台和辅助设备正常等。

总而言之,准备阶段之前的工作十分重要,主要对拍摄硬件和软件等进行系统、全面的检查和验证,这是保证拍摄可以顺利进行的前提和保障。

2. 准备阶段

在电子现场制作准备阶段,在明确直播选题和内容之后,需要进行一系列的准备工作。

首先,直播组应明确各个成员的分工、核心和细节等,包括导播的责任、外景主持人或记者的责任、摄像师的分工(摄像机的机位和位置等)、设备管理人员的职责、技术人员的职责等。

其次,直播组应了解直播事件发生的基本流程和现场的实际环境,主要体现在以下几个方面:一是在总导播的指挥和协调下,制订详细的拍摄计划和方案等;二是对现场的环境状况进行了解,提前架设摄录编辑设备、通信设备、传输设备等,并设置适当的机位和角度。

需要注意的是,在直播准备阶段,摄像师需要提前在适当的机位待命,将摄像机保持在开机状态,以便可以提前拍摄直播画面。

3. 拍摄阶段

在电子现场制作拍摄阶段,整体过程十分紧张且需要高效执行,需要各个工作人员根据事件的计划和要求按部就班工作。

首先,在进行直播时,往往需要多台摄像机互为补充,因此摄像师和技术人员需要紧密配合、服从导播的调度,使得不同机位拍摄的画面最终可以形成具有美感的连续画面。

其次,对于突发性事件,由于缺少必要的准备阶段,对现场的实际状况并不了解,因此需要和后方人员进行及时沟通联系,并查找背景资料,以准确把握事件细节、明确拍摄角度等。

最后,在拍摄时,摄像师的作用十分重要,要甘于作"绿叶",尽量不干扰或影响其他摄像机的画面。在抓取事件细节和动作方面,积极发挥自身的主观能动性,即时提供节目播出所需要的高标准画面,在构图和拍摄方面,留出余地和空间,使画面具备艺术的美感。

二、转播车系统

转播车系统被认为是可机动的演播中心,具有轻量化、模块化、小型化的特点,主要用来衔接和处理电视节目转播问题,其适应能力较强,是现场直播重要的技术手段。

简单来说,转播车系统将现场制作的内容(如视频和音频等)转换为相关信号,在经过技术和艺术处理并叠加字幕后,将其送到信号传输系统或直接录制,是现场各类信号汇聚和处理的核心。

需要注意的是,为保障音频、视频、通信和电源系统的无缝衔接,在转播系统中需要设置信号输出接口,并根据实际需要,设置双路接口等,以备不时之需。

(一)转播车系统构成

转播车系统(见图1-6和图1-7)涵盖视频制作系统、音频制作系统、车体部分(供电和空调)等。其中,视频系统是转播车系统的核心,其作用是完成电视节目信号制作。

图1-6 广东广播电视台转播车系统

图1-7 转播车系统内部工作环境

1. 车体部分

转播车车体部分承载着大多数的现场直播设备和系统,如视频系统、音频系统等,因此必须有较大的承载空间对这些设备和装置进行合理安排,其供电系统需要连续稳定,以保证现场直播系统的顺利进行。当然,由于导播人员需要在转播车内工作,因此要配置较为完善的服务设施。

2. 视频制作系统

视频制作系统主要负责电视转播信号的生成、制作及传输。在硬件方面,视频制作系统包括摄像机、录像机、慢动作机、字幕机及其他周边设备等;在软件方面,视频制作系统由多个子系统给予保障和支撑,包括信号源部分、信号记录和输出部分、信号处理部分等。视频制作系统的核心设备是切换台和视频矩阵,是处理电视信号的关键。

切换台:由 ME(混合/效果)级和 P/P(节目/预选)级组成,主要为视频系统提供丰富的场景选择,可以通过数字特效功能,进行划像、键控等操作,进而满足视频制作的美化要求。

视频矩阵:对视频信号进行多路切换、分配和调度等操作。例如,在视频矩阵中有 M 个输出端和 N 个输入端,则该视频矩阵可以形成 $M \times N$ 个矩阵,即任何的输出端可以得到任何一个输入信号,具有十分关键的作用。

3. 视频同步系统

视频同步系统由多种设备组成,包括同步转换器、同步信号分配器、主/备同步机,主要用来传输视频信号,其流程如下。

首先,主/备同步机将视频信号向同步倒换器传递,如果主同步机无法传输,则切换到备同步机。为什么要设置两台同步机呢?主要是为了保持信号的连续性,实现信号的不间断传输。

其次,同步转换器将接收的信号向同步信号分配器进行传递,并经过转播车的各个接口进行输出。

4. 信号传输系统

现阶段,转播车系统通常利用光纤和微波技术将电视信号传输到发射设备,进而完成电视信号的转播。

在实际操作中,往往需要根据特定的环境选择合适的信号传输方式。例如,如果在野外等复杂地点,其转播体系会更加复杂,因此需要应用网络化的传播方式来实现。又如,如果现场的环境比较特殊,有很多高大的建筑物,如果再用微波传输方式,难免会影响信号传输,因此可以采用光纤传输或卫星传输方式。总之,信号传输系统的制作需要因时、因地制宜,灵活进行选择。

5. 音频制作系统

电视节目属于视听节目,不仅需要画面的支持,还需要声音的配合。因此,在现场直播过程中,需要对现场收集的音频进行系统处理。

音频制作系统主要用来处理现场音频,以保障电视现场直播的艺术效果。在电视直播过程中,应保障电视视频信号和电视音频信号可以全面匹配,提升电视节目的展示质量。

(二)转播车系统设计原则

随着现代媒体技术的发展,转播车系统需要不断与时俱进,才能满足观众日益增长的电视节目追求。

目前，各种媒体技术、直播设备等不断更新换代，为提升转播车系统的实用性和便利性，更好地针对观众需求进行改善，在设计转播车系统时，可以遵守以下原则。

1. 技术先进性原则

现代网络信息技术发展迅速，转播车系统应抓住时代的机遇，应用相对成熟和先进的信息技术，提升转播车的层次和水平。在满足基本制作要求的基础上，对系统的应用功能进行丰富，拓宽系统的软件应用空间。例如，可以配置先进的现场视频包装系统等，提升画面制作的美感。

2. 功能完备性原则

转播车系统的根本功能是保障电视节目顺利转播，随着电视节目转播要求的改变，在实际应用中，需要结合具体节目的转播要求，不断探索全新的功能，使得转播车功能更加完备。只有转播车系统的功能越来越完备，才能满足各种节目制作的现实要求，以制作出符合观众预期的电视节目。

3. 运行可行性原则

转播车系统具有灵活性、经济性和便捷性的优势。然而由于电视节目制作难度的不断提高和技术要求的不断改变，转播车系统将面临前所未有的挑战和考验。因此，在转播车系统的运行上需要在可行性和安全性方面下功夫，必须保证转播车系统可以顺利运行，因此需要遵循可行性原则，高效、安全保障电视节目的转播，发挥出其应有的效果和作用。

第四节　体育赛事直播技术应用

在体育电视节目中，现场直播是最传统的制作方式，同时是最受欢迎的制作手段。只有通过现场直播，才能将体育赛事紧张、激烈的氛围呈现出来，带给观众一场竞技体育的盛宴，提升观众的观看体验感。

一、体育赛事直播流程

体育赛事往往是在公共场所进行的，一般需要在比赛现场制作赛事信号，然后通过各种视频传输方式向电视台传输信号。如图1-8所示，其流程包括：采集赛区前端信号、汇集多个区域的直播信号、通过信号传输介质（卫星、微波、光纤、互联网）将信号传输到电视台、电视台将信号进行转播。

在进行机位信号采集时，需要根据比赛场地的特点，因地制宜、科学合理地架设摄像机机位，这样才能拍摄到精彩画面。

二、体育赛事直播转播要遵循的原则

体育赛事直播只是对正在进行的客观事实进行直播呈现，内容没有彩排和提前准备，

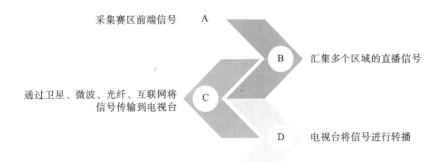

图 1-8 大型体育赛事直播流程

整个进程不会受任何主观因素的改变而改变。因此,体育赛事直播转播过程中要遵循以下原则[①]。

(一)真实、客观

体育比赛具有公开性、客观性,客观记录比赛就是将比赛现场"完整"地传递给观众。导播应该做到准确地运用电视手段,完整地将整场比赛全面、真实地传递给观众。

(二)公平、公正

2004年,雅典奥运会电视台委员会(AOB)对公用信号的公共性提出了明确要求,包括"公平、公正无偏见地表现参赛各方""镜头使用一定要平等""镜头分配时间要平等""奥运会的舞台是为所有运动员搭建的""对于成绩一般的运动员在画面表现力上也要适当照顾"等。

(三)把握比赛重心

随着比赛进行及成绩变化,比赛重心不断变化,观众关注的焦点也在变化。总体要求是"优先表现获胜方",在比赛结果出来后,导播要依据这一原则选择画面,侧重表现获胜方。

(四)综合运用多元素多技术手段来完善转播

赛事转播不仅靠机位画面调度,还要运用慢动作回放、字幕、现场声等手段使观众充分及时地得到赛事信息。

三、体育赛事拍摄要求

(一)导播要求

体育赛事直播不仅是现场声画信号的同步传播,更重要的是向观众展现体育精神的盛宴,导播需要对直播画面进行艺术性构思,抓拍运动员精彩镜头,回放关键时刻等,因此

---

① 陈宏伟.浅谈乒乓球比赛直播方法[J].视听界(广播电视技术).2014(06):67-71.

对导播的要求十分严格和专业。

首先,现场导播应该对直播的体育赛事有专业的了解,不仅了解比赛项目的知识背景、竞赛的具体规则,还需要对比赛场地有所了解,这样才能更好地调整摄像机的机位,更为专业地切换画面。

其次,现场导播应该具有较强的艺术构思能力,在真实客观呈现体育赛事的基础上,同时需要能给观众带来较强的现场体验感,因此导播应有更高层次的追求,对直播画面进行巧妙的艺术构思,阐述体育赛场中性格迥异的运动员,展现体育的人文精神。

最后,现场导播应具备构思故事的能力。体育赛事可以看作一个个故事,故事的参与者众多,包括现场观众、裁判员、教练员、运动员等,其中心冲突就是获胜者,现场导播的工作就是将这些故事一一呈现出来,并传达运动员不断超越自我的精神,体现运动员对体育的热爱和坚守,深层次阐述体育的拼搏奋斗精神。

(二)画面拍摄要求

首先,摄像师需要密切配合,其拍摄到的内容是直播过程中的关键元素,因此摄像师应找好角度和画面,尽可能拍摄不同的精彩画面。

其次,在体育赛事中,有很多精彩画面转瞬即逝,为更好地呈现这些画面,其衔接应该尽量自然,按照一定规律确保镜头衔接的流畅性,应根据专业知识对赛场上发生的细节进行取舍,及时切换跟进赛程的机位。

最后,设计赛事的直播流程,通过捕捉运动员的中景、近景和特写等,呈现出运动员比赛过程中的情绪,甚至进行慢动作回放等,帮助观众观看运动员的技术技巧,为观众呈现跌宕起伏的赛事过程。

(三)声音处理和字幕要求

在体育赛事直播中,现场的声音可以很好地烘托现场气氛,字幕可以让观众更直接、更快速地了解比赛过程的相关信息,需要对声音和字幕进行有效处理。

首先,在处理声音时需要注意层次感。解说员的语言是第一个层次,其中包含大量的比赛信息,如现场比分、运动员的技术特点、成长背景等,因此解说员的声音应以稳定方式进行呈现;运动声音是第二个层次,如乒乓球比赛中,球拍击球的声音需要和相应的画面同时切出,以确保现场感;现场气氛的声音是第三个层次,如现场观众的欢呼声、裁判员的声音等,可以有效增强比赛的气氛。

其次,在进行字幕设计工作时,一般采用和电视台整体色彩相协调的颜色,如蓝底白字边框,位于屏幕下方的三分之一或右上角的三分之一处,这样不会对观众的视线造成阻挡。同时,字幕的出现时间还需要配合比赛的节奏和画面等,要对其进行灵活设置。

四、体育赛事拍摄方式

体育赛事直播信号制作团队需要对体育赛事的比赛场地进行提前了解,对比赛场地特点有所掌握,提前架设摄像机。同时,比赛场地的不同,其机位设置自然不尽相同。

如果体育赛事的比赛场地比较宽敞,可以分为内场和外场架设摄像机,在外场架设大型摄像机,用来拍摄整体画面;在内场架设多台摄像机,用来拍摄具体赛事的不同画面。

体育比赛是分为内场和外场的,内场比赛一般是指在馆内举行的比赛,而外场比赛是在户外举行的比赛。由于体育比赛涉及的运动项目非常多,每一种运动项目的现场直播节目制作方式都是不同的。

（一）机位的概念

机位是对摄像机的拍摄位置和拍摄高度的统称,其选择对拍摄画面有着决定性影响。例如,摄像机的拍摄位置决定着摄像机和被拍摄对象之间的距离,而拍摄高度则决定着摄像机的拍摄角度。

一个机位包括许多设备,如摄像机、三脚架、高台等。其中,摄像机常用的镜头有标准镜头、长焦距镜头、广角镜头,每种镜头都可以拍摄不同的画面;三脚架则由支架和活动脚轮构成,是支撑摄像机的重要工具;高台可以分为不同的高度,0.5 m、1 m、2 m 甚至更高,主要用来支撑三脚架。需要注意的是,每个机位至少配置一台摄像机,且每台摄像机只配一种镜头。

（二）机位的拍摄角度

摄像机的高度被确定之后,就可以根据被拍摄对象的高度,对拍摄角度进行选择,常见的角度有正面、侧面、仰视、平视及俯视等。对同一件事物而言,不同的拍摄角度会拍到不同的画面,其镜头画面、表现层次、表达方式、呈现效果等会有所差异,因此摄像师要选择合适的拍摄角度,进行多角度、多机位拍摄,以拍摄到精彩画面。

体育赛事现场直播有两种拍摄方式,即横向视角拍摄和纵向视角拍摄。拍摄过程中,需要根据不同的运动项目使用不同的视角拍摄。如篮球、足球、排球使用横向视角拍摄,而羽毛球、乒乓球、网球则使用纵向视角拍摄,有些运动项目运用多种角度进行拍摄。

（三）机位的类型

在体育赛事直播中,有两种常见的机位,即定点机位和游动机位。

定点机位是指摄像机的机位一旦确定,就不再对其进行调整,包括远距离机位和近距离机位,前者侧重于展现整体的环境背景,多采用广角镜头和标准镜头,以全景和远景为主;后者多用来拍摄被拍摄对象的反应、情绪、活动等细节,多用长焦距镜头,用来拍摄近景和特写。

游动机位是指摄像师在现场根据被拍摄对象的运动而进行流动拍摄的机位,具有一定的灵活性,不仅可以捕捉被拍摄对象的随机性或突发性动作,还可以补充定点机位尚未涉及的部分,一般采用手持摄像机或斯坦尼康(见图 1-9),以方便摄像师的移动。

当然,除了上述常见的机位,还有某些特殊配置的机位,如将摄像机架设在移动车上进行拍摄,将摄像机架设在水下进行拍摄等。实际上,在大型的体育赛事直播中,通常会结合各种机位进行拍摄,互为补充,更好地为观众呈现事件的发生过程和赛事细节。

图1-9 足球比赛中应用斯坦尼康

第二章 直播系统构建

一个完整的直播系统通常是由切换台、摄像机、字幕系统、音频系统、通话系统、录像系统、信号传输系统、播出平台等部分组成。

第一节 切 换 台

一、什么是切换台

（一）关于切换台

切换台，英文为 switcher，又称为导播台，是用于将两台以上摄像机的信号或其他信号源，通过切、叠画、划像等方式选择视频，进行视频节目即时制作的专业设备。

在节目制作中，并不是所有制作都需要使用切换台，是否使用切换台应该由制作需要来决定。

1. 单机位拍摄和后期制作

使用一台摄像机拍摄视频存储后，再进行后期非线性剪辑，这种制作方式在视频新闻拍摄中使用比较多，不需要使用切换台。

2. 多机位拍摄和后期制作

使用两台以上摄像机单独拍摄视频存储后，再进行后期多轨非线性编辑，这种制作方式通常应用于影视片制作，一般不使用切换台。

3. 多机位拍摄和现场切换

通过线缆连接两台以上摄像机进行拍摄，汇集所有摄像机信号到切换台，现场对多台摄像机画面进行编辑后统一存储，这种制作方式适用于节目录播初编。

4. 多机位拍摄和现场包装切换

通过线缆连接两台以上摄像机进行拍摄，汇集所有摄像机信号到切换台，现场对多台摄像机画面进行编辑，加入各种包装效果、字幕等，最终形成播出节目内容，这种制作适用于现场直播制作。

（二）常用的切换台

目前，市场上视频切换台的品牌和型号繁多，为了更好了解切换台，选择适用的切换台，我们将重点介绍以下几个常用品牌切换台。

1. Blackmagicdesign

Blackmagicdesign(BMD)是一家来自澳大利亚的影视技术制造商，于1984年由格兰特·佩蒂(Grant Petty)创立。生产的影视设备涉及视频采集卡、数字电视摄影机、制作切换台、硬盘录像机、矩阵切换和分配设备、监看设备、影视调色等硬件和软件，BMD已快速成长为一家世界领先的视频技术革新公司和制造商（见图2-1）。

图 2-1　Blackmagicdesign 的 logo

Blackmagicdesign 生产的 ATEM 现场制作切换台（见图2-2）及配件有10多个型号，涵盖低、中、高端系列产品，从 HD 高清、4K 到 8K，从人民币二千多元到二十多万元的产品都有，而且价格在官网上都是公开的，可以选择的空间非常大。Blackmagicdesign 是目前市场上应用最为广泛的一个品牌。

图 2-2　Blackmagicdesign 部分型号切换台

2. 索尼

索尼(Sony)是日本一家全球知名的大型综合性跨国企业集团(见图2-3)。

图 2-3　索尼的 logo

索尼的全系列视频切换台包括 XVS 系列和 MVS 系列,可用于标清、HD 高清和 4K 的操作。索尼的切换台产品(见图 2-4)具有较高的专业性能,一般应用于电视台或专业直播转播信号制作公司。

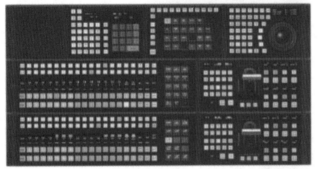
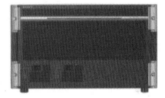

图 2-4　索尼专业级别的切换台

另外,在市场上索尼也有一台适用于民用小型制作的多机位现场节目制作切换台——MCX-500 切换台(见图 2-5)。MCX-500 切换台具有较高的性价比,具备现场节目制作切换台的基本功能,包括视频切换、音频混合、PGM 视频录制、字幕、色键抠像、推流等,适用于会议、教学、电商等活动的多机位录制与直播。

3. 松下

松下(Panasonic)由日本松下电器产业株式会社松下幸之助于 1918 年创立,是全球领先的电子产品制造商(见图 2-6)。松下电器一直致力于广播电视事业领域,近年来在数字化、网络化、高清化方面取得了长足的发展,所提供的高质量、高清解决方案,满足了不同客户的需求,在全球享有声望的体育赛事中被众多客户使用并认可。

松下切换台(见图 2-7)在民用市场较少使用,主要面向电视台和专业制作机构。松下切换台具备高图像质量、良好通用性和便捷操作功能,在专业应用市场具有较为稳定的占有量。

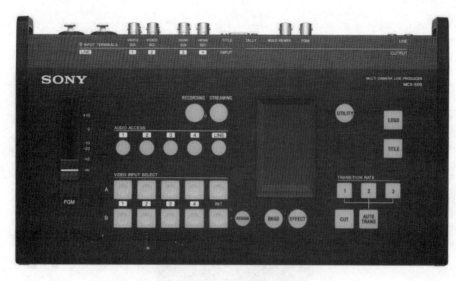

图 2-5　索尼 MCX-500 切换台

Panasonic

图 2-6　松下的 logo

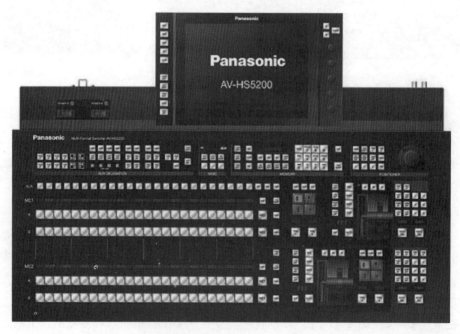

图 2-7　松下 AV-HS5200 切换台

4. 罗兰

罗兰(Roland)成立于1972年,是世界先进的电子乐器制造商和销售商(见图2-8),业务领域包括音乐设备和音视频处理设备等。Roland 提供的视频设备,包括视频切换台、视频格式转换器等视频设备。

图 2-8　罗兰的 logo

Roland 视频切换产品在全球已有超过20年的历史,主流产品定位包括从消费级产品至半专业及专业级产品领域,主要涵盖演出、租赁、会展、教育、直播、会议等主流领域。Roland 切换台(见图2-9)具有小型化、便捷化、兼容性强、性价比高的特点,在民用制作市场广受欢迎。

图 2-9　罗兰切换台部分型号产品

5. NewTek

NewTek(见图2-10)是美国的一家高科技跨国公司,以研制、开发、生产和销售视频产品为主业。NewTek 开发出来的切换台,该切换台是一个基于其最新的 NDI 网络设备接口的、模块化软件驱动的音视频 IP 化制作生态系统。

图 2-10　NewTek 的 logo

NDI 是 Network Device Interface 的简称,是 NewTek 推出的开放式 IP 网络接口协议。NewTek 切换台产品 TriCaster(见图 2-11)广泛应用 NDI 技术,能够随时掌控各种媒体制作功能,高效地应用于会议、培训、网络直播和体育赛事。

图 2-11　NewTek 切换台部分型号控制面板

6. 洋铭

洋铭(datavideo)于 1985 年成立于中国台湾,是一家专业的广电影视设备制造商(见图 2-12),着力于提供现场多机位摄像作业的整体系统产品,并以移动演播室系列为主要市场重点。

图 2-12　洋铭的 logo

洋铭的切换台产品既有台式切换台(见图 2-13),适用于演播室或车载使用,也有便携手提式切换台(见图 2-14),适用户外移动使用。洋铭切换台在教育应用领域具有较高的市场份额。

7. 软件切换台

随着计算机技术和网络技术的不断发展,现场视频制作经历了"演播室→演播车→

图 2-13 洋铭台式切换台

图 2-14 洋铭便携手提式切换台

EFP→软件导播"的发展阶段。其中,软件导播是借助计算机硬件、信号采集板卡和软件系统,在计算机上实现现场视频切换合成输出,这种方式可以快速实现低成本制作。

比较常用的软件切换台有导播软件和网络云导播台两种。

1) 几款常用的导播软件

(1) vMix。

vMix(见图 2-15)是一款来自澳大利亚的计算机视频混合软件,主要利用计算机硬件提供实时高清视频混合,功能包括实时混音、切换、录制和直播,支持多种视频格式,如摄像机、视频、光盘、图片、音频、PPT 等,支持 PPT 播放,组合列表循环播放,广泛应用于网络直播、活动现场大屏播放等。

图 2-15　vMix 的 logo

（2）VJDirector2。

VJDirector2 是一款由南京纳加软件开发的专业导播软件，系江苏省信息产业厅重点支持软件产品，作为集成了数字导播引擎 VJCore 的应用型导播切换软件，VJDirector2 功能强大，可用于多媒体编辑、活动录播、现场导播等。

（3）芯象直播导播软件。

芯象直播导播软件是由微赞直播平台开发的一款免费专业导播软件，与 vMix 的界面、功能上有很多相似之处，支持多种输入源、炫酷字幕水印制作、多路调音台、多机位实时切换、画中画分屏、连麦互动等，通过多路机位将更多内容聚合，并统一输出，实现专业级直播效果。芯象直播导播软件可以用于多个直播场景，如峰会论坛、年会庆典、企业营销、教育培训、体育赛事、医疗直播等。

2）网络云导播台

网络云导播台是利用互联网云技术在云端对直播流进行多画面切换、播出，支持传统硬件切换台大部分功能，省去了沉重的传统导播台的硬件设备，实现随时随地操作与控制。使用网络云导播台一般需要向各互联网新媒体云服务提供商购买服务，比较知名的云服务提供商有腾讯云、阿里云、华为云、奥点云等。

二、切换台的功能

视频切换台的主要功能是为制作人员编辑视频提供方便，从两种或多种信号源中选择所需信号，并通过效果处理实现组合节目输出。切换台操作界面如图 2-16 所示。

图 2-16　切换台操作界面

视频切换台的基本功能如下：
（1）从两个以上信号源中选择一个合适信号；
（2）在两个信号源之间进行基本转换；
（3）在合适信号画面中加入效果、字幕等。

视频切换台还可以与内部通话系统结合在一起，对现场每个机位操作者进行调度拍摄，再由导播对每个机位信号进行现场构思来完成节目制作。

三、切换台的基本构成

（一）节目总线

节目总线，即切换台的 PGM（program）部分，该部分有两个以上的按钮，每个按钮表示一路不同的节目源，按下其中一个按钮后，将直接选择该路节目源输入节目总线。

（二）预览总线

预览总线，即切换台的 PVW（preview）部分，其按钮与节目总线分成两排，功能与节目总线相似，但只将选择的节目源输入到预览总线中，不影响节目总线输出，可用于观察即将切入节目总线的节目源。

（三）混合总线

混合总线即是把节目总线和预览总线进行混合输出，一般是通过切换台的推杆来控制的。可以通过推杆来控制两个总线之间的切换速度，也可以将推杆停留在推杆控制器的中间以实现两个总线的叠画。

四、切换台的基本操作

（一）切

切（cut 或 take），又称为硬切或快切，就是从某一路节目源切换到另一路节目源的过程。切是切换台最基本的、使用最多的操作。

（二）混合

混合（mix），又称为叠画或慢切，是通过切换台的推杆控制将两路节目源混合在一起，使两个画面融合在一起，从而形成叠画的艺术效果。

（三）划像

划像（wipe），又称为扫换或分画面特技，是两个画面之间以不同形式或图文转场的变化过程。

（四）黑场

许多切换台上会有一个 BLACK 或 FTB 按钮，按下这个按钮可实现黑起黑下的效果。黑起就是节目总线从黑屏转换为节目源,黑下则是从节目源转为黑屏。黑场操作通常用于节目转换和结尾,或插入广告时使用。

第二节 摄像机

一、直播摄像机选用要求

(一) 分辨率

分辨率,又称为解析度、解像度,是指摄像机解析图像的能力,即摄像机影像传感器的像素数。通常情况下,传感器的像素数越大,分辨率就越高,视频就越清晰,但同时所产生的存储文件也会越大。分辨率的单位一般为像素/英寸(pixel per inch,ppi)或点/英寸(dot per inch,dpi)。

1. 摄像机的视频显示比例

摄像机的分辨率与摄像机拍摄的视频显示比例有关。目前摄像机市场上主流的视频显示比例(见图 2-17)为 16∶9,由于市场上显示设备的变化,4∶3 视频显示比例已经被逐步淘汰。

图 2-17 显示器显示比例图

2. 视频扫描方式

摄像机的分辨率还与视频扫描方式有关。视频扫描方式通常有两种,分别是隔行扫描和逐行扫描。隔行扫描,英文是 interlace scanning,也称为交错扫描;逐行扫描,英文是 progressive scanning,也称为非交错扫描。

早期的摄像和显示产品普遍使用隔行扫描方式,但由于人的视觉有暂留现象,肉眼看到的是平滑的运动,而图像是闪动的逐帧显示,隔行扫描方式造成相隔图像显示画面闪烁明显。

逐行扫描方式是指成像设备对图像进行扫描时,从屏幕左上角的第一行开始逐行进行扫描,整个图像扫描一次完成,这种方式图像显示画面闪烁小,显示效果好。相比较于隔行扫描方式,逐行扫描是一种先进的扫描方式。

3. 帧率和码率

视频显示的分辨率对视频的成像效果固然重要,但想要获得更优化的视觉效果,还要考虑视频的帧率与码率。

帧率,即 fps(帧/秒),帧率越高视频画面就越流畅,反之,视频画面就会越卡顿。码率,即编码器每秒编出的数据大小,单位是 kbps,如 100 kbps 代表编码器每秒产生 100 kb 的数据。

对视频效果来说,分辨率、帧率和码率三者是互相影响、互相作用的。

首先,如果把码率作为变量,那么帧率就会影响视频的体积,帧率越高,每秒钟经过的画面越多,编码器每秒编出的数据也就越大,那么视频体积也就越大。分辨率则影响图像大小,分辨率越高,像素越多,则图像越大;反之,图像就越小。

当码率不变时,分辨率与清晰度成反比关系:分辨率越高,需要的码率就会变高,但是此时码率不变,就会导致图像越不清晰。反之,分辨率越低,图像就越清晰,但是图像也会越小。

其次,如果以分辨率为基准,当分辨率不变时,码率与清晰度成正比关系:码率越高,图像越清晰;反之,码率越低,图像就越不清晰。

所以,一个好的画面质量并不是一味追求最高分辨率就可以了,而是需要平衡好分辨率、帧率及码率,任意参数偏高都会让画面质量受到影响[①]。

4. 数字影视高清标准格式

目前,我国已逐步退出电视的标清频道,高清频道已成为电视主流播出模式,4K 超高清电视内容和频道供给也更加丰富。因此,建议选择高清以上标准的摄像机作为信号制作的摄像机。高清视频标准格式如表 2-1 所示。

表 2-1 高清视频标准格式

标准名称		分辨率	画面横纵比	帧率/fps
HDTV 1080i	Full HD	1920×1080i	16:9	24、25、30
HDTV 720p	HD	1280×720p	16:9	24、25、30、50、60
HDTV 1080p	Full HD	1920×1080p	16:9	24、25、30、50、60
UHDTV 2160p	4K Ultra HD	3840×2160p	16:9	50、60
UHDTV 4320p	8K Full UHD	7680×4320p	16:9	50、60

---

① 资料来源:https://www.cnblogs.com/upyun/p/13563699.html。

（二）接口

专业摄像机的接口一般是指输入/输出(input/output)接口,包括音频的输入/输出接口、视频输出接口、USB 接口、网络接口、控制接口和电源 DC 接口等。比较常用的接口是音频的输入/输出接口、视频输出接口。

(1) 音频输入接口:一般为卡侬母头(XLR 型 3 针),可接入采集声音用的麦克风。

(2) 音频输出接口:包括音频嵌入视频输出、耳机输出和扬声器输出等。

(3) 视频输出接口:摄像机的视频输出接口比较丰富,其分为模拟接口和数字接口。模拟接口有复合(Video)、Y/C(S-Video)、分量(Y/U/V、Y/Pr/Pb 等),数字接口有 1394(DV、i-Link)、SDI、HDMI 等。

（三）镜头

1. 摄像机镜头构成[①]

(1) 聚焦环:通过镜头调节此环,改变镜头透镜与成像装置之间的距离,使影像在成像装置上得到清晰正确的反映。

(2) 光圈环:镜头里用来控制通光量的机械装置,其分为自动光圈和手动光圈模式。

(3) VTR 旋钮:按此旋钮就会停止或启动 VTR 录像的控制。

(4) 近摄(MACRO)钮:近距离拍摄时,按下该钮,同时转动 MACRO 环。

(5) 变焦(ZOOM)选择器:选择变焦镜头的操作模式,分为电动变焦 S 和手动变焦 M。

(6) 电动变焦开关:"W"是广角变焦端,"T"是长焦变焦端,变焦速度采用无级变速方式,速度与手指压力成正比。

(7) 光圈选择器:用来选择光圈的操作模式,"A"是自动光圈,"M"是手动光圈。

2. 摄像机的卡口

镜头卡口(lens mount)是指摄像机机身与镜头连接处。摄像机的不同卡口是互不兼容的。常见的广播级摄像机卡口为 B4、PL。

（四）适应性

体育赛事直播既要面对室内比赛也要面对室外比赛,既有夏季运动项目也有冬季运动项目。因此,体育赛事直播对摄像机的环境适应性要求特别高。

摄像机内部一般由电子元件组成,其能否正常工作是受环境影响的,要求设备要具有较强的温度适应性。

首先,面对冬季运动项目时,如果环境温度过低,摄像机的电子元件有可能达不到工作的预热值,摄像机没法正常工作。

其次,面对夏季室外运动项目时,摄像机在高温酷暑的环境下,加上机器自身运转热量,如果摄像机散热不及时,就有可能导致摄像机停止工作或损坏。

---

① 资料来源:https://wenku.baidu.com/view/5ffbc0db80eb6294dd886cf4.html。

最后,除了考虑温度的适应性,还要考虑雷雨天气问题。

二、直播摄像机的类型

(一)演播室/现场座机型摄像机。

座机型摄像机(见图2-18)一般体积较大,安装于底座或三脚架上进行操作。镜头的体积、焦距范围、相对孔径也较大。其常用于演播室或相对固定的场所,这类摄像机一般为专业广播级。

图 2-18　座机型摄像机

(二)便携式摄像机

便携式摄像机即为常用的摄录一体摄像机,分广播级和家用级。这类摄像机体积小、重量轻,便于携带,可固定或可手持(见图2-19和图2-20),使用方便灵活,既可以用于新闻采访记录,也可以用于现场直播拍摄。供电方式有两种:可以使用专用直流锂电池供电,也可以使用专用电源适配器交流电供电。

图 2-19　固定使用便携式摄像机

图 2-20　手持使用便携式摄像机

第三节　字幕系统

　　字幕是指以字幕或图形等形式呈现影视作品相关要素的内容。在体育赛事直播节目中的字幕包括文字、图形、动画等，使观众掌握赛场的动态信息。

　　字幕在体育赛事的直播信号制作中有着十分重要的地位，有着"第二解说员"的美称，是电视直播画面的一个重要组成部分，是观众获取比赛信息的主要途径之一。在最开始的电视转播过程中字幕信息是为了将解说员的对话转化为文字，有助于电视观众理解比赛，后来字幕信息逐渐演变成图像、定位数据、数据处理分析和动画表现等多种形式。随着电视转播行业的飞速发展，字幕信息也发生了巨大的变化，它几乎成为比赛信息和数据统计的主要表现方式[①]。

　　字幕在形态上可以分为静态字幕和动态字幕。静态字幕一般为固定不动的字幕，内容相对单一；动态字幕即有动态效果的字幕，内容可以随着电视画面编排的变化而变化。体育赛事直播的字幕通常为动态字幕。

一、体育赛事直播字幕的特点

（一）直观性

　　体育赛事字幕的功能是有效传递赛事信息、比赛结果、统计数据、时间和速度、坐标位置和节目标题等。虽然不同比赛项目的字幕需求不尽相同，但整体而言，体育赛事字幕都是为了直观地将有效的赛事信息和数据传递给观众。

（二）即时性

　　体育赛事字幕的呈现通常是与体育赛事画面同步的，如篮球赛的计时计分、速度赛计时等所呈现的信息都是即时性的。

（三）专用性

　　一般情况，大型体育赛事的字幕外观都是专属设计的，字幕中的标志标识、特定颜色、字体字符和呈现效果都是有独特风格的，通常与大型体育赛事的VI系统相统一。另外，不同体育赛事项目的字幕模版也必须与项目特点相一致。

二、体育赛事直播字幕的应用要求

（一）位置

　　在电视节目信号制作过程中，为了保证所有显示设备能够显示完整电视节目图像的

---

① 郭振东. 2022北京冬奥会冰壶赛事转播字幕制作[J]. 影视制作. 2022,28(04):22-27。

关键元素而设置了安全区域。屏幕的安全区域分为动作安全区域和字幕安全区域，16：9幅面屏幕的安全区域设置如图2-21所示。

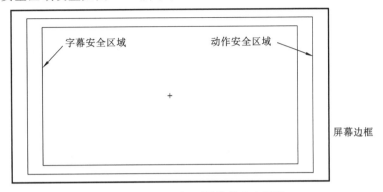

图2-21 16：9幅面屏幕的安全区域

为了保证字幕能够在所有显示设备上完整呈现，字幕一般设置在屏幕的字幕安全区域。字幕安全区域为屏幕内侧80%的区域。

（二）时间

字幕在屏幕上显示的时间是由其所对应的画面信息和人的视觉习惯决定的。体育赛事字幕按显示时间可以分为实时字幕和临时字幕。

1. 实时字幕

实时字幕通常与赛事进程相匹配，与赛事画面同步，常驻赛事直播画面。

2. 临时字幕

临时字幕一般为赛事进行中需要说明项目的字幕，可以为文字、符号或图标等，显示时间为3～6 s，可根据字幕的复杂程序适度控制显示时间，以保证不同读解水平的人都能理解。

（三）内容

1. 赛前字幕

赛前字幕内容包括比赛名称、比赛时间、参赛选手或队伍、比赛地点、比赛赛程、比赛地的基本天气情况等。

2. 赛中字幕

赛中字幕一般与赛事进程同步，内容包括比赛比分、运动员得分、比赛时间、运动员技术统计数据等。

3. 赛后字幕

赛后字幕内容包括比赛结果、双方技术对比及积分排行等。

三、常见的体育赛事字幕系统

（一）欧米茄

在奥林匹克历史上，欧米茄（OMEGA）是第一家为奥运会提供专业计时的厂商。一个世纪以来,欧米茄一直致力于体育赛事的计时工作,在体育计时领域拥有丰富的历史和专业经验。北京2022年冬奥会是欧米茄第30次为奥运会提供赛事计时和测量服务,欧米茄委派了300名计时专家,并提供200多吨的设备,其中包括光感应终点摄影机、电子发令枪、记分板和光电子眼等众多重要的现代计时测量设备。欧米茄字幕显示系统能够为体育赛事直播实时提供比赛过程中的各项翔实数据。目前,世界各大型体育赛事都会使用欧米茄计时与数据处理服务。

(二)新奥特

A20超高清图文编播系统是新奥特(北京)视频技术有限公司最新推出的超高清图文字幕产品。其中的A20 Sports超高清体育播出系统,主要应用于体育赛事的超高清图文字幕播出,支持篮球、足球、排球、乒乓球、羽毛球、网球、拳击、台球、保龄球等体育赛事的通用规则逻辑,能够满足比赛信息、队员对阵、赛事比分、比赛计时、赛中提示、比赛信息记录等赛事图文信息的播出。

(三)凯哲视讯

CICADA比赛字幕系统是由上海凯哲信息科技有限公司开发的一款专为比赛现场直播所设计的字幕系统。该系统可以支持各类不同比赛,自带不同风格的字幕模板,可与该公司开发的Ultra Score计分系统及比赛技术统计系统配合使用,实现自动比赛数据叠加。同时提供比赛信息编辑管理功能,可手工修改编辑字幕信息。

四、切换软件系统自带字幕工具

(一)vMix和芯象

vMix系统和芯象导播系统均属于功能丰富的现场制作软件,两款软件的使用方式是基本相同的,字幕包装功能也非常强大,自带字幕设计工具,可提供大量的字幕模板给用户使用和修改,并可以通过读取数据协议、运用数据库,实现字幕显示快速更新。

(二)OBS

OBS作为一款直播推流软件,除了具备直播信号管理功能外,还具有简单的字幕应用功能。在OBS中应用字幕,有以下两种方法。

(1)在OBS的"来源"处添加"文本"或"文本(FreeType 2)",可以添加文字类字幕,且可能通过外挂字幕插件,可以实现文字实时字幕功能。

(2)在OBS的"来源"处添加"图像",可以添加预先设计好的透明底图片字幕,放置在顶层,可以实现静态的图片字幕。

(三)BMD切换台软件

Blackmagicdesign(BMD)的ATEM系列切换台自带免费的软件控制面板,可以在"媒体"页面中增加预先设计好的透明底图片字幕,或使用Photoshop软件直接导入媒体池文件,甚至可以使用PPT制作字幕,再利用控制面板的键控功能,可以实现在切换台中直接调用字幕。

五、办公系统应用字幕

PowerPoint(PPT)是微软Office系统中的演示文稿软件。在实践应用中,我们可以利用PowerPoint强大的演示功能,完成直播字幕制作,方法如下。

（1）把需要在视频中显示的字幕内容与效果添加到演示页面；

（2）把PPT的底纹统一设置为绿色,设置为绿色是为了更方便进行抠像；

（3）把计算机演示设置为一个进入切换台的独立通道；

（4）利用切换台的键控功能对计算机演示通道进行抠像；

（5）使用切换台的上游键把抠像后的计算机演示通道叠加到播出通道。

通过以上方法,可以用最快捷、最廉价的方式完成直播字幕制作。

六、简单的体育赛事字幕应用实例

尽管每一项体育赛事的字幕不尽相同,但其应用原理是一样的。以下将以羽毛球项目赛事字幕与BMD ATEM系列切换台字幕应用为例,介绍体育赛事字幕制作与应用。

（一）字幕底图制作

（1）利用Photoshop软件,设置一个高清格式1920像素×1080像素幅面的图片,如图2-22所示。

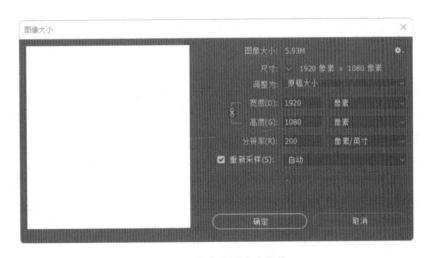

图2-22 字幕底图大小规格

（2）根据羽毛球项目比赛规则,分别设置三局相关图层,并把背景图层设置为不可见,整个图片背景将呈透明状态,如图2-23所示。

（3）设置好各图层内容和摆放位置后,点击Photoshop软件的"文件"菜单中的"保存"或"保存为",保存Photoshop文件(.PSD格式文件),以方便使用Photoshop软件再次修改球员信息和分数,如图2-24所示。

图 2-23 羽毛球字幕底图分层

图 2-24 羽毛球字幕底图效果

（二）BMD ATEM 系列切换台与 Photoshop 字幕配合应用

在计算机上安装 BMD ATEM 系列切换台的 ATEM 控制软件时，可以同时安装 Photoshop 插件，可以将 Photoshop 的图文直接载入 ATEM 媒体池。

1. 使用要求

（1）ATEM 导出插件要求在 CS5 或更高版本的 Photoshop 上安装；需要在 Photoshop 安装完毕后再安装或重装 ATEM 控制软件，以确保 ATEM 导出插件被成功安装。

（2）为求最佳效果，Photoshop 文件分辨率需要和 ATEM 切换台的视频格式相匹配。如果切换台设置为 1080 HD 格式，那么相应的文件分辨率则为 1920 像素×1080 像素。如果切换台设置为 720p HD 格式，那么相应的文件分辨率则为 1280 像素×720 像素。如果切换台设置为 PAL SD 格式，那么相应的文件分辨率则为 720 像素×576 像素，NTSC 格式则对应使用 720 像素×486 像素的文件。

（3）Photoshop 文件背景图层应始终保持干净全幅黑色图像或为透明图层，以方便在 ATEM 键控中的预乘键设置使用 Photoshop 的图文。

2. 使用方法

（1）首次运行 Photoshop 导出插件时，软件会提示选择切换台地址（Switcher IP Address），使导出插件能正确连接到切换台，如图 2-25 所示。IP 地址默认情况下为 192.168.10.240，这是切换台出厂时的默认 IP 地址。如果需要导出同一个 Photoshop 文件的不同版本，可在导出插件窗口中为每个导出的文件命名，也可选择导出后在 Media Player 媒体播放器中对文件进行设置。

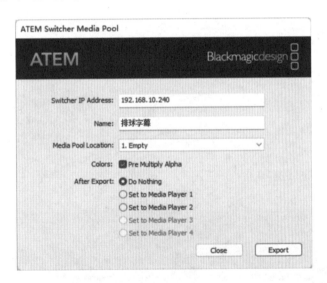

图 2-25　ATEM 切换台媒体池导出设置窗口

（2）要将 Photoshop 图文载入 ATEM 媒体池时，只需选择 Photoshop 的"文件"→"导出"菜单，然后选择"ATEM Switcher Media Pool"即可导出。接下来会弹出一个"ATEM Switcher Media Pool"窗口，提示要将文件导入媒体池的具体位置。该列表中包含当前载入媒体池的所有图文的文件名。选择加载文件的保存位置后，再选择"Export"按钮。

（3）如果想实现快速将图文切换到播出，请在"After Export"选项中选择"Set to Media Player 1"或其他媒体播放器，这样就可以快速将图像转入播出；如果想不干扰媒体播放器的图文输出，只需选择不将此媒体播放器复制到该图文（选择"Do Nothing"）即可。

（4）应始终选择启用 Pre Multiply Alpha，即预乘 Alpha，并在切换台面板的"下游键"同时开启 Pre Multiplied Key 预乘键设置，就可在导出时将图文色彩和 Alpha 通道混合了，以确保图文能有平滑边缘，以便与视频合成时有更好的效果。

第四节 音频系统

人体对声音是非常敏感的,美妙的声音令人心旷神怡,嘈杂的声音使人心情烦躁。体育赛事直播中的声音具有渲染气氛、增强直播画面现场感的作用。音频系统是现场直播系统的重要组成部分,也是整个系统中最容易出问题和受干扰的部分。现场直播中的音频系统主要由调音台、麦克风、音频线、连续件等组成。

一、调音台

调音台,英文为 mixer,是音频处理过程的一种常用设备,它可以将多路音频输入信号进行放大、混合、分配、音质修饰和音响效果加工。雅马哈 MG16XU 模拟调音台如图 2-26 所示。

图 2-26　雅马哈 MG16XU 模拟调音台

（一）调音台的分类

（1）按照信息处理方式分类，调音台可分为数字式调音台和模拟式调音台。

（2）按照输入通道数（一般为偶数通道数）分类，调音台可分为4路、6路……24路、48路等。调音台的每个通道都是独立的，性能和结构是相同的。

（3）按照用途分类，调音台可分为扩声调音台、录音调音台、播音调音台、迪斯科专用调音台（又称为DJ混音台）。

（4）按照其他方式分类。如按照使用场所不同，调音台可分为便携移动式调音台和固定式调音台。便携移动式调音台中还有一些带有功放功能的调音台。

（二）调音台的构成

调音台由输入部分、母线部分、输出部分组成。母线部分把输入部分和输出部分联系起来，构成了整个调音台。下面以雅马哈MG16XU结构（见图2-27）为例讲解调音台的构成。

1. 输入部分

1）话筒/线路(MIC/LINE)音频输入插座

MIC插座一般为大三芯卡侬插座，LINE一般为1/4″大三芯插座。雅马哈MG系列调音台部分输入插座为XLR和TRS两用的混合接口，可以接话筒或线路输入。

2）均衡调节旋钮

均衡调节分为三个频段：高频段(HIGH)、中频段(MID)、低频段(LOW)，主要用于音质补偿。

2. 母线部分

1）辅助声音母线

辅助声音母线与主立体声母线相互独立，英文标识为AUX。每个输入通道都有将声音发送到辅助声音母线的旋钮，用于控制发送给辅助声音母线的音量。辅助通道（由PRE控钮选择控制）有两种：一种是信号取自通道推子前，为"衰减前辅助"；一种是信号取自通道推子后，为"衰减后辅助"[①]。

2）声像旋钮

当声像旋钮调整到左边时，更多信号就会发送到左声道；当声像旋钮调整到右边时，更多信号就会发送到右声道；当声像旋钮调整到中间位置时，输入的声音为立体声。

3）通道开关

ON开关打开时，对应通道的音频信号将发送到各母线，反之将关闭该通道。

4）母线分配开关

当按下1～2按钮时，对应通道的音频信号将分配到GROUP 1～2编组母线；

当按下3～4按钮时，对应通道的音频信号将分配到GROUP 3～4编组母线；

当按下[ST]按钮时，对应通道的音频信号将分配到STEREO L/R立体声母线。

---

① 资料来源：https://www.doc88.com/p-9159971952399.html。

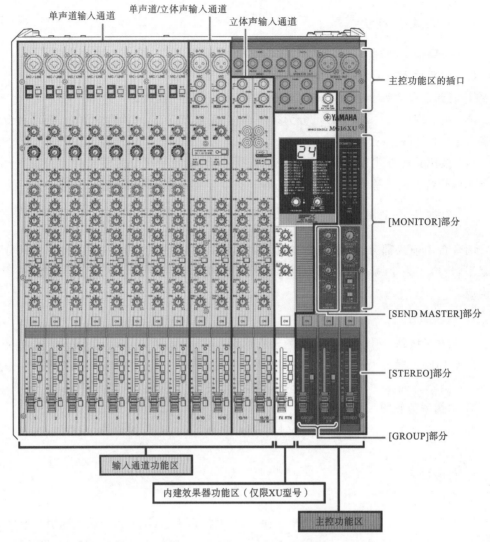

图 2-27 雅马哈 MG16XU 结构

5) 监听开关

当按下[PEL]按钮时,电平表的指示灯将开闪烁,对应通道的推子前的音频信号将被输送到监听接口。

6) 通道推子

通道推子用于调节对应通道音频信号的电频,也是音频增益的功能之一。

3. 输出部分

软件部分主要包括编组母线、主立体声母线音量控制推子和输出插座,辅导母线音量控制旋钮和输出插座,监听音量旋钮和输出插座等。

(三) 调音台的主要功能

1. 信号大小调节

调音台可以接收来自不同设备的音频信号源,如麦克风、乐器、播放器、效果器、计算机等,不同的音频设备所输出的电平不尽相同,调音台在接收到各种音频信号后,可以对音频信号进行增幅和降幅,使音频信号的幅度适合音频使用要求。

2. 信号效果处理

调音台可以通过各输入通道的频率均衡器,根据节目需求对音频的 HIGH/MID/LOW 不同频率进行调节,美化音源音色。另外,还可以通过调音台上的滤波器(如低切按钮)来消除信号源的低频噪声。

3. 信号混合处理

调音台可以将接收到的多路音频信号根据使用需要混合成一路或者多路输出音频信号。

4. 信号分配

调音台可以将接收到的多路音频信号根据使用需要进行重新分配输出,除了主输出外,还有辅助输出、编组输出等。另外,还可以使用声像旋钮对左右声道进行声像定位分配。

调音台除了以上功能之外,还有电平显示、监听、声卡等功能,数字调音台还有对讲、反馈抑制、压限、DSP 效果、远程控制等功能。

二、麦克风

麦克风,专业术语为传声器,又称为话筒,由英文 microphone 音译而来。一般理解,麦克风就是将声波转换为电压的电子器件。麦克风最早可以追溯到 19 世纪 20 年代。1827 年,英国著名的物理学家查尔斯·惠特斯通(Charles Wheatstone)爵士是第一个使用"microphone"这个词的人;1876 年,德国柏林人埃米尔·贝林纳(Emile Berliner)发明了第一支碳精电极麦克风;1878 年,大卫·爱德华·休斯(David Edward Hughes)发明了第一支碳粒式麦克风;1962 年,贝尔实验室(Bell Labs)的吉米·伟斯特(James West)和葛哈德·赛西尔(Gerhard Sessler)发明了驻极体麦克风(electret microphone),该发明使麦克风行业发生了革命性的变化。进入 20 世纪 70 年代之后,动圈式和电容式麦克风相继被开发出来。目前,市场上常见的麦克风主要有动圈式麦克风和电容式麦克风。

(一)常见的麦克风类型

1. 按照工作原理划分

麦克风可分为动圈式麦克风(dynamic microphone)和电容式麦克风(condenser microphone),如图 2-28 和图 2-29 所示。

动圈式麦克风结构简单,耐用、便宜,对环境要求不高,灵敏度不高,一般舞台演出和 KTV 使用较多。

电容式麦克风由于振膜比较薄,微小的声音也能引起振动,对环境比较敏感,比较适合像在录音棚这样安静的环境里使用。

2. 按照传输方式划分

麦克风可分为有线麦克风和无线麦克风。

图 2-28　动圈式麦克风

图 2-29　电容式麦克风

有线麦克风不需要主机和电源,可以通过线缆直接与调音台、扩音设备等连接,使用方便快捷。

无线麦克风的发射端和接收端均需要供电,由发射端发射信号给接收端,接收端在接收到信号后,再通过线缆与调音台、扩音设备等连接,方能使用。

无线麦克风按照频段分类,在市场上主要有 VHF 无线麦克风和 UHF 无线麦克风。

3. 按照外形划分

麦克风可分为手持、领夹、鹅颈、界面等麦克风。

4. 按照用途划分

麦克风可分为人声、乐器、录音、测量等麦克风。

(二)选购时需要注意的指标参数

1. 灵敏度

麦克风灵敏度是指麦克风的拾音能力大小,灵敏度高的麦克风可以提供更高的输入电平,但并不是灵敏度越高就意味着音效越好,还需要考虑拾音现场环境的影响因素。当然,在选择麦克风时,灵敏度是一个重要的参考指标。

2. 指向性

麦克风的指向性是指麦克风的拾音范围,不同指向性的麦克风适合不同的使用需求。

(1) 全指向(omnidirectional):也称为无方向性或者无指向,这类麦克风在录音的时候拾取全方向的声音,对来自四面八方的声音同样敏感,适合会议、演讲等多人简单的声音收集。

(2) 双指向性(bi-directional):也称为 8 字形指向,可拾取两侧的声音,典型的用途是放在两个乐器之间,或者是两个人面对面站立,对着麦克风,以供两种声音录制在一起。

(3) 心型指向(cardioid):直接传感前方的声音,两侧扩展范围较小,适用于播客、个人唱歌、乐器拾音等语音工作。这类麦克风也是最为常见的麦克风。

(4) 超心形指向(hyper-cardioid):可接收前方较远范围的声音,但两侧的声音接收的很少,适合于舞台演出使用。在多乐器多轨录音中这类麦克风可减少来自附近其他乐器的声音。

(5) 枪形指向(shotgun):极致追求单一方向指向的麦克风,其最佳收音角度为正前方的小范围锥形区域,主要用于户外收音,如户外新闻采访和影视外景拍摄的收音。

3. 频率响应

频响响应是麦克风接收到不同频率声音时,输出信号是否随频率而改变,这是用来表示原声输出是否真实的特点。

4. 信号噪声比

所谓的信噪比(全称为信号噪声比)是指麦克风输出信号电压的比值,信噪比越大意味着杂音混入信号中的越少,声音还原效果也越好。

5. 动态范围

动态范围是指麦克风的输出信号和输出的最小可用信号之间的电频差,如果动态范围太小,就会造成声音的失真。

三、音频线与音频线接头

音频线即音频连接线,是用来传输电声信号或数据的线缆。在体育赛事直播应用中,音频线的使用是必不可少的。具体需要结合实际选用不同类型的音频线和音频线接头。

(一) 非平衡线与平衡线

1. 非平衡线

使用两根线来传输音频信号,非平衡线一般传输单声道音频信号。

非平衡式连接和信号传输,采用两端连接方式,信号线由内部的一根芯线及屏蔽层组成,音频信号的传输由芯线和屏蔽层负责,芯线连接信号正极,而屏蔽层连接信号负极。由于屏蔽层也用于信号传输,所以信号比较容易受到外界干扰,非平衡式连接一般不适用于信号的远距离传输。

用于非平衡式传输的连接件有莲花 RCA 和大二芯 TS 插头接口两种。

2. 平衡线

使用三根线来传输音频信号,分别是地线(GND)、热端(hot,+极)、冷端(cold,—极),平衡线可以传输双声道音频信号。

由于屏蔽层只负责屏蔽干扰而不负责信号传输,所以抗干扰能力比较强,平衡式连接能够实现较远距离传输。

用于平衡式传输的连接件有卡侬 XLR、大(小)三芯 TRS 插头接口。

(二) 模拟音频线与数字音频线

模拟音频线和数字音频线都是用来传输音频信号的线缆。唯一区别是,模拟信号线传输的是电学音频信号,而数字信号线传输的是以二进制代码为基础的数字信息。

模拟音频线的连接件一般是 TRS、TS、XLR、RCA 等插头接口,线材为二芯或多芯线;而数字音频线的连接件为 S/PDIF-RCA、BNC、OPTICAL、MIDI 等插头接口,线材为同轴、光纤或多芯线。

根据音频工程师协会/欧洲广播联盟(Audio Engineering Society / European Broadcast Union,AES/EBU)的数字音频标准,可以使用 XLR 连接件的三芯屏蔽电缆进行平衡或差分数字音频连接。

(三)常见的音频接头与接口一览表

常见的音频接头与接口一览表如表 2-2 所示。

表 2-2 常见的音频接头与接口一览表

序号	缩写	名称	类型	应用范围	插头	接口
1	TRS	大三芯 1/4″(6.3 mm)	模拟音频平衡传输	专业音频设备		
		小三芯 1/8″(3.5 mm)	模拟音频平衡传输	音箱、耳机、手机、计算机		
2	TS	大二芯 1/4″(6.3 mm)	模拟音频非平衡传输	乐器、调音台		
		小二芯 1/8″(3.5 mm)	模拟音频非平衡传输	乐器		
3	XLR	卡侬、卡农、Cannon	模拟音频平衡传输	麦克风、调音台、音箱		
4	RCA	莲花头	模拟音频非平衡传输	播放器、电视机、音响		
5	S/PDIF-RCA	RCA 同轴	数字音频非平衡传输	数字音频设备		
6	BNC	BNC 同轴	数字音频非平衡传输	数字音频设备 视频音频传输		
7	OPTICAL	TOSLINK、光纤插头	数字音频非平衡传输	数字音频设备		

续表

序号	缩写	名称	类型	应用范围	插头	接口
8	MIDI	乐器数字接口	数字音频非平衡传输	录音设备、乐器		

四、常用的音频配件

（一）音频隔离器

音频隔离器，又称为低频变压器，主要用于不同设备之间的音频信号传输，是音频系统级联的必不可少的设备，如图2-30所示。

图 2-30　部分型号的音频隔离器

两个音频设备对接中使用音频隔离器，可以隔离设备之间的电位差，防止电位差过高而损坏设备；可以避免由于共地问题造成的电流声干扰；还可以把非平衡信号转换为平衡信号传输，增加音频信号的传输距离。

（二）音频转换器

音频转换器（见图2-31）的主要功能是对不同类型的音频信号进行转换，实现不同类型音频共通共用，如模拟音频转数字音频、HDMI/SDI音频加嵌或解嵌等。

（三）音频转换接头

音频转换接头（见图2-32）可以解决来自不同接口的音频线共用共通的问题，如RCA转XLR、TRS/TS转XLR、TRS/TS转RCA、大三芯转小三芯等。

图 2-31　部分型号的音频转换器

图 2-32　部分型号的音频转换接头

第五节 通话系统

通话系统(intercom system),也称为通联系统、内部通话系统,通常是指固定范围内的沟通系统,是广播电视现场直播中不可缺少的一个部分,对现场直播过程中流程控制、指挥、沟通有着重要的影响。一个灵活便捷的通话系统能把所有参与节目制作的人员有机地联系在一起,对现场直播过程中的各个工种(如导演、导播、摄像师、字幕操作员、音响师和节目主持人等)进行有效的调度与沟通。良好有效的沟通,是成功执行现场直播工作的关键。

一、通话系统的类型

根据内部通话系统的物理结构和连接方式,可以把通话系统分为 PL 系统、矩阵系统和无线系统等三种,其中 PL 系统和矩阵系统通常称为有线系统。

(一) PL 系统

PL 系统,英文是 party-line system,也称为两线系统,这是由于最早的通信系统由两条线组成,因而得名两线系统。PL 系统是一种总线型的系统,具有功能简单、易于搭建的特点。运行原理也是相对比较简单的,当 party-line 接通时,通道 A、B、C、D 均可进行通话,系统内说话的所有人员均可以同时说话和收听。图 2-33 所示的为 PL 系统示意图。

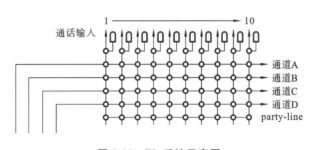

图 2-33 PL 系统示意图

(二) 矩阵系统

矩阵系统,即 matrix system,又称为四线系统,由于早期的矩阵系统是通过四条线路进行两对平衡音频信号通话的,因而得名四线系统。矩阵系统最主要的特点是实现双工通话,可以进行双向传输,实现同时听与说。通过系统的主控单元,可以实现系统内呼叫、通话,监听特定用户单元或用户群或所有用户单元,用户单元也可以由各主控单元反馈通话,实现主控单元控制下的双工通话。图 2-34 所示的为矩阵系统示意图。

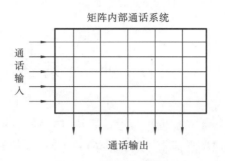

图 2-34 矩阵系统示意图

（三）无线系统

无线通话系统是有线通话系统的补充，是一种应用无线电技术实现内部通话系统无线使用的全双工通话设备。主要优点有：使用非常方便，无须布线，便于移动。但也有其不足之处，如容易受电磁波干扰，无线通话子机的电池续航能力有限。

二、内部通话系统常用品牌

（一）国外品牌

（1）Clear-Com（见图 2-35），为美国品牌，是世界上最早的内部通话系统品牌之一，产品在广播、电视、航天和军事等领域得到广泛应用。

图 2-35 Clear-Com 的 logo

（2）Riedel（见图 2-36），中文名为"睿道"，为德国品牌。其产品以基于 SDI 和 IP 的先进数字音频矩阵系统而闻名，广泛应用于广播、电视、体育赛事、戏剧和演出等方面。

图 2-36 Riedel 的 logo

(3) ALTAiR(见图 2-37),中文名为"阿尔泰",为西班牙品牌。其产品采用模块化,有良好的组件兼容性,可以使组件更容易扩展,让有线技术和无线技术混合使用,广泛应用于舞台剧场、广播、电视、电影和教育等领域。

图 2-37　ALTAiR 的 logo

(4) LaON(见图 2-38),为韩国品牌。其产品是行业首创的无边界聚合通话系统,同一系统支持多通道以太网通话设备,具有超强的系统扩展性,授权使用开放而且信道数量更多的 5 GHz UNII 频段。

图 2-38　LaON 的 logo

(二) 国产品牌

(1) HUALIAO(见图 2-39),中文名为华燎,产地在广州。其产品有有线和无线系列产品,其无线产品可以比肩世界知名产品,可以实现全双工双向信号传输,多人多组同时通话。传输距离可以长达 2000 m,128 个人同时通话,分组沟通无缝对接。

图 2-39　华燎的 logo

(2) NAYA(见图 2-40),中文名为纳雅,产地在上海。其产品主要是无线系列产品,其无线内部通话系统凭借信号可靠性高、传输距离远、穿墙性能优越、支持切换台 Tally 信号等特点,得到了国内外众多电视台的认可。

(3) TELIKOU(见图 2-41),中文名为东杰,产地在北京。其主要产品有数字无线内部通话系统、有线内部通话系统、内部通话专用系列耳麦、声音监听单元、音频混合器等。

图 2-40　纳雅的 logo

TELIKOU

图 2-41　东杰的 logo

（4）其他品牌还有中国台湾的洋铭、北京的天影视通等，其功能和使用原理与以上品牌的内部通话系统都是共通的。

三、内部通话系统的构成

内部通话系统（见图 2-42 和图 2-43）一般包括主服务端（主机）、用户终端（子机、腰包、手持机等）、连接电缆或收发天线、头戴耳机、通话麦克风、Tally 灯等。

图 2-42　无线内部通话系统

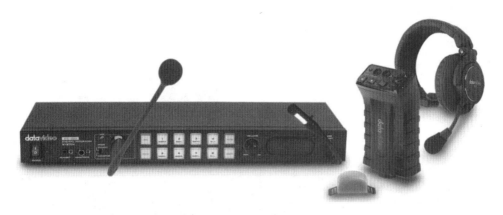

图 2-43 有线内部通话系统

第六节 录像系统

录像机是随着电视机的出现而诞生的。20世纪50年代中期,英国广播公司发明了电子录像机。1956年4月,美国AMPEX公司推出了第一台实验性的磁带录像机,在存储技术方面有了新的突破,真正解决了电视节目的"录播"问题。

随着媒体技术的不断发展,录像机经历了从复合到分量、从模拟到数字的发展历程,形成了模拟复合、模拟分量、数字复合、数字分量四大记录格式。存储介质包含磁带、光盘、硬盘、存储卡等;存储方式呈多样化,从单机存储到系统存储,从终端存储到远程或网络存储,从硬件存储到软件存储,从标清到高清、4K超高清、8K超高清。

在体育赛事直播信号制作过程中,音视频源的存储是一个关键的环节,涉及播出PGM信号和各摄像机位信号的备份,还涉及慢动作回放的存储等。以下将侧重介绍目前主流使用的广播级录像机硬件和软件。

一、广播级录像机

目前,磁带录像机已经退出存储市场,主流使用的广播级录像机主要有固态硬盘(SSD)录像机和存储卡录像机。

在广播电视节目制作中,常用且性价比高的广播级录像机有以下几种。

(一) BMD HyperDeck 系列录像机

BMD HyperDeck 系列录像机由于其兼容性强、设计精良、安装与使用方便,且价格在官网上是公开的,具有较高的性价比,因此在市场上一直具有较高的占有率。2019年4月,BMD推出了业界首部8K广播级录像机。BMD HyperDeck 系列录像机(见图2-44)可以轻松安装到航空箱或户外转播车或控制机房,非常适合用于一台视频服务器做现场录制和查看工作样片,也可以在实况制作时做重放。另外其存储介质为固态硬盘(SSD)或 SD 卡,用户只要通过更换 SSD 或 SD 卡就能录制大量的视频。

图 2-44　BMD HyperDeck 系列录像机

(二) datavideo(洋铭)录像机

洋铭历经 30 多年的努力,在广播电视器材及校园电视行业市场中有一定的品牌知名度。2009 年 4 月,洋铭收购了美国硅谷硬盘录像机制造商 nNovia 公司,进一步加强了洋铭录像机在广播电视和专业视频市场的地位。目前,datavideo(洋铭)录像机(见图 2-45)在市场上主营的录像机产品有 ProRes 4k 硬盘录像机、H.264 U 盘录像机和 HD/SD-SDI 硬盘录像机。

(三) AJA Ki Pro 系列录像机

AJA 是由美国工程师 John Abt 于 1993 年创立的。AJA Ki Pro 系列录像机(见图 2-46)是一种无磁带化的记录设备,可记录高质量的计算机媒体格式苹果 ProRes 422 Quick Time 文件。

(四) 其他品牌

除了以上市场普及率较高的产品外,还有一些相对高端的产品应用于专业视频制作领域,如索尼(SONY)、松下(Panasonic)等,如图 2-47 所示。

图 2-45　datavideo(洋铭)录像机

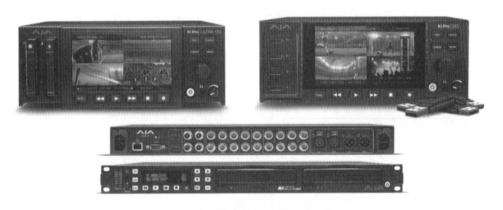

图 2-46　AJA Ki Pro 系列录像机

图 2-47　其他品牌系列录像机

随着电视节目全面向 4Kp50/60 HDR 制作的演进,阿童木(Atomos)于 2019 年 3 月推出了一款新产品——Shogun Studio 2,支持 4K UHD、4K DCI 和 HD 的录制,可录制 4K60p,支持最高达 4K120p 的升格录制,支持适用于 HDR 制作的高质量编码录制,满足了电视节目现场制作、演播室、转播车和专业视听等领域的需要。

二、视频录像软件系统

随着计算机多媒体技术的不断发展,计算机软件在多媒体领域应用越来越多,计算机平台上的视频录像软件也随之产生。人们对视频录像软件的理解就是通过软件系统将视频源录制并保存到计算机平台上。视频录像软件除了可以将外部视频源通过计算机硬件采集卡设备转换输入存储,还可以录制计算机平台上的视窗环境的视频内容。

（一）通过视频采集卡录制视频

1. 视频采集卡

如图 2-48 所示,视频采集卡,又称为视频捕捉卡,英文为 video capture card,主要功能是把外部视频源转换为数字化视频信息,以数据文件的形式存储在计算机存储器上。视频采集卡可以内置和外置使用。内置卡一般采用 PCI-E 接口,安装在台式计算机的主板接口上；外置卡一般采用 USB 3.0 或雷霆接口（俗称雷电接口）,可在有相应接口的计算机外部接入使用。

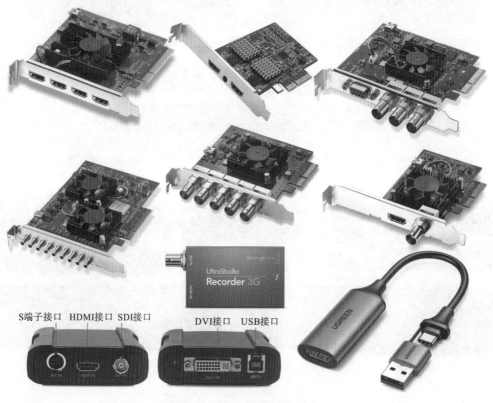

图 2-48　部分型号视频采集卡

2. 利用视频采集卡录制视频

1）视频采集卡自带录制软件

一般情况下,购买视频采集卡时,厂商均会赠送随卡使用的录制或采集软件,如

Blackmagicdesign 系列视频采集卡就附赠了 Media Express 软件，该软件具有采集录制、输出、管理和组织视频等功能；圆刚系列视频采集卡附赠了 RECentral 视频录制/直播软件；天创恒达系列视频采集卡配套了 TC CARD 采集软件等。使用者可以使用随卡软件通过采集卡接入外部视频进行录制。

2）OBS 录制

通过第三方工具 OBS（open broadcaster software）接入视频采集卡进行录制，具体方法如下。

第一步，在"来源"处点击＋，添加"视频采集设备"，点击"确定"按钮。然后选择视频采集卡设备及设置相关参数，如图 2-49 所示。

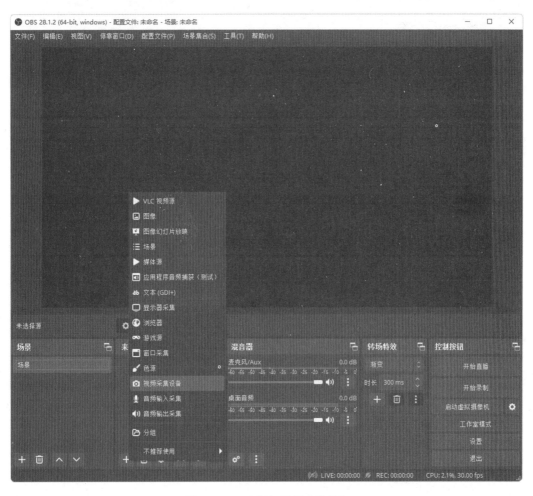

图 2-49 OBS 添加视频采集设备

第二步，点击 OBS 的"设置"按钮，点击"输出"标签，设置"录像"参数，设置完成后点击"确定"按钮，如图 2-50 所示。

第三步，外部视频接入后，点击 OBS 的"开始录制"，即可录制视频。

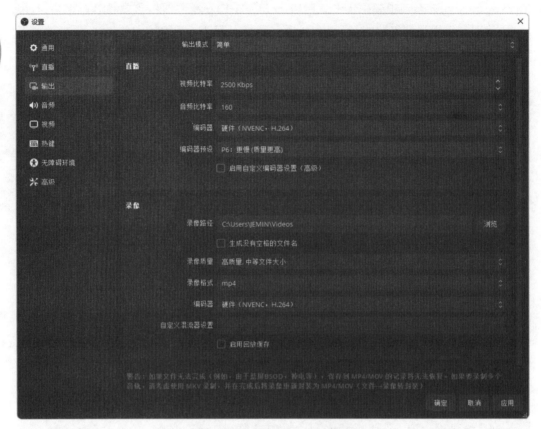

图 2-50　设置 OBS 录像参数

（二）通过屏幕录制视频

屏幕录制，即给计算机屏幕录制一段视频，可以记录屏幕上呈现的内容或操作步骤等。在计算机 Windows 视窗环境中，录制屏幕视频既可通过系统自带工具录制，但功能相对比较简单；如果要录制更专业的视频，则需要借助第三方录屏工具。

1. Windows 系统自带工具

1）步骤记录器

步骤记录器是 Windows 系统自带的一个小工具，适合用于简单的视频教程录制。在 Windows 环境中，使用快捷键 Win＋R，在窗口中输入"PSR"，可以调出步骤记录器。

2）Xbox Game Bar

Xbox Game Bar 是专门为 Xbox 游戏录制而设计的一款工具，收录于 Windows 系列的工具包。在 Windows 环境中，打开游戏栏设置选项的录制游戏、截屏等功能，使用快捷键 Win＋G，就能调出 Xbox Game Bar。

2. 第三方录屏工具

1）OBS 录屏

在 OBS 的"来源"处点击＋，添加"窗口采集"或"显示器采集"，点击"确定"按钮，然后设置参数指定的窗口或显示器。操作步骤与上述 OBS 录制相同。

2）专业录屏软件

市场上的专业录屏软件非常多，功能上大同小异。常见的专业录屏软件有嗨格式录屏大师、全能录屏助手、班迪录屏、EV 录屏、爱拍录屏、KK 录像机等。

三、录像机的存储格式

（一）H.264/H.265

1. H.264

H.264 是国际标准化组织（ISO）和国际电信联盟电信标准局（ITU-T）共同提出的继 MPEG-4 之后的新一代数字视频压缩格式，也是一种数字视频编解码器标准，因此，也称为 H.264/AVC（或者 AVC/H.264 或者 H.264/MPEG-4 AVC 或 MPEG-4/H.264 AVC）标准。在同等图像质量下，采用 H.264 技术压缩后的码率只有 MPEG-4 的 1/3，能够在低码率和低带宽的情况下提供高质量的视频图像，具有较强的容错能力和网络适应能力。

2. H.265

H.265 也称为 HEVC（hight efficiency video coding），是一种高效率视频编码。它同 H.264 一样也是 ISO 和 ITU-T 两个组织共同制定的视频压缩标准，是 H.264/AVC 标准的继承者。H.265 标准在 H.264 标准的基础上，对一些相关的技术加以改进，在码率、编码质量、延时和算法等方面得到较大的提升。H.265 标准也同时支持 4K（4096×2160）和 8K（8192×4320）超高清视频。

（二）ProRes

ProRes 是苹果公司开发的一种编解码器，以 MOV 格式封装，支持全分辨率的所有帧尺寸（包括标清、高清、4K 超高清和 8K 超高清等）。目前 ProRes 有 8 个版本（由低到高）：ProRes 422 Proxy、ProRcs 422 LT、ProRes 422、ProRes RAW、ProRes 422 HQ、ProRes RAW HQ、ProRes 4444 及 ProRes 4444 XQ。

1. ProRes 422 Proxy

ProRes 422 Proxy 是比 ProRes 422 LT 更高度压缩的编解码器，适用于需要低数据速率和全分辨率视频的离线工作流程。在分辨率为 1920×1080 和 29.97 fps 时，目标数据速率约为 45 Mbps。

2. ProRes 422 LT

ProRes 422 LT 是比 ProRes 422 更高度压缩的编解码器，数据速率约为 ProRes 422 的 70%，文件比 ProRes 422 小 30%。该编解码器非常适合追求最佳储存容量和数据速率的环境。在分辨率为 1920×1080 和 29.97 fps 时，目标数据速率约为 102 Mbps。

3. ProRes 422

ProRes 422 是高质量的压缩编解码器，提供几乎所有 ProRes 422 HQ 的优势，但是仅提供 66% 的数据速率,可更好地实现多码流实时编辑性能。在分辨率为 1920×1080 和 29.97 fps 时,目标数据速率约为 147 Mbps。

4. ProRes RAW

ProRes RAW 是一种新的高效编解码器格式,无须转换即可实时播放和剪辑。使用 ProRes RAW,视频文件可以直接从摄像机传感器导入、剪辑和分层视频,而不会减慢剪辑速度。这些原始文件为调整视频外观提供了最大的灵活性,并扩展了亮度和阴影细节,这是 HDR 工作流的优秀解决方案。在数据码流方面,ProRes RAW 相当于 ProRes 422 HQ。

5. ProRes 422 HQ

ProRes 422 HQ 是 ProRes 422 的较高数据速率版本,它可对 4:2:2 图像源保留与 ProRes 4444 相同等级的视觉质量。随着视频后期制作行业广泛地采用 ProRes 422 HQ,这种格式能在视觉上无损保留一个单链路 HD-SDI 信号可携带的最高质量专业 HD 视频。此编解码器支持全宽度、10 位像素深度的 4:2:2 视频源,同时通过多次解码和重编码保持了视觉无损状态。在分辨率为 1920×1080 和 29.97 fps 时,目标数据速率约为 220 Mbps。

6. ProRes RAW HQ

在数据码流方面,ProRes RAW HQ 相当于 ProRes 4444 XQ。ProRes RAW HQ 的数据码流只是未压缩的 12 位原始数据的一小部分。ProRes RAW 和 ProRes RAW HQ 都可以很好地存储原始视频的内容,但苹果 ProRes RAW HQ 的高数据速率提供了更高质量。

7. ProRes 4444

ProRes 4444 是用于 4:4:4:4 图像源的最高品质的 ProRes 版本(包含 alpha 通道),此编解码器具有全分辨率、高质量 4:4:4:4 RGBA 颜色、与原始材料没有视觉区别的视觉保真度。对于分辨率为 1920×1080 和 29.97 fps 的 4:4:4 源,具有约为 330 Mbps 的目标数据速率。

8. ProRes 4444 XQ

ProRes 4444 XQ 与 ProRes 4444 一样属于 Apple ProRes 系列中的高级编码。此格式具有非常高的数据速率,可以保留目前最高质量数字图像传感器生成的高动态范围图像中的详细信息。对于分辨率为 1920×1080 和 29.97 fps 的 4:4:4 源,ProRes 4444 XQ 有约为 500 Mbps 的目标数据速率。

(三) DNxHD / DNxHR

DNxHD / DNxHR 是 Avid 推出的一种编解码器,以 MXF 为封装格式。DNxHD/DNxHR 分别有 5 个版本(从低到高)LB、SQ、HQ、HQX 及 444-4:4:4。

目前,DNxHR 较为常用,因为它比 DNxHD 有更大范围的分辨率,且支持 4K 超标清以上分辨率。

(1) DNxHR LB,低带宽(low bandwidth)画质,适用于远程工作流程,并且可以节约存储空间。

（2）DNxHR SQ，标准画质（standard quality），适用于标准视频编辑工作。

（3）DNxHR HQ，高画质（high quality），可实现精美图像与较小编辑带宽之间的平衡。

（4）DNxHR HQX，高画质扩展，可存储精美的图像，适用于色彩校正和母带后期处理。

（5）DNxHR 444-4∶4∶4，具有丰富的色彩和高品质的图像，适用于高品质色彩校正和母带后期处理。

四、使用注意事项

（一）不能用监控级录像机代替专业级录像机

由于监控级录像机是用于监控摄像机长时间记录使用的，其视频压缩技术相对于专业级录像机简单。如果使用监控级录像机代替专业级录像机，则不利于广播级或专业级音视频数字文件的存储、编辑、管理。

（二）时刻关注录像机是否正常工作

录像机作为直播任务过程的最终记录者，如果录像机没有正常工作，则代表直播任务记录失败。因此，现场直播工作需要时刻关注录像机的工作情况，确保录像机正常工作。建议提前10 min开启录像机录制工作，防止出现直播开始还没有开始录制的问题。

（三）必须先停止录像工作后关电

如果录像机在工作过程中停电，则有可能会损坏录像机元件或录像硬盘，造成存储数据的丢失。为了保证存储数据安全完整，若要停止录像工作，则必须按下录像机的停止录像按钮后，方可关电。

（四）要有专人保管录像机存储数据

录像机的存储数据就是直播工作的最终成果。录像机的SSD或SD卡作为一个独立小配件，脱离录像机后非常容易丢失，所以要有专人保管录像机的SSD或SD卡，并及时做好存储数据的备份。

第七节　信号传输系统

在体育赛事现场直播信号的制作过程中，制作部分为前端部分，承担着信号源内容的制作工作，而信号源的传输成功与否是当场体育赛事现场画面顺利到达观众端的关键。随着我国信息技术的快速发展，现场直播信号传输技术也在不断变化，传统的微波技术逐步被淘汰,卫星技术进一步强化,光纤及互联网技术得到快速应用。

一、卫星传输技术

卫星传输就是由上行站通过卫星对下行站进行节目传输,实现点对点或多点通信,把现场直播信号源的内容传输到远距离的地面电视台或播出平台。卫星传输方式由于应用成本较高,主要应用在省级以上电视台或专业电视信号制作机构。

二、光纤及互联网传输技术

随着我国信息通信技术的高速发展和 4G/5G 无线通信技术的普及应用,体育赛事现场直播信号传输方式得到进一步丰富,朝高速化、便利化、高清化方向发展。其中光纤与互联网传输技术备受关注,光纤传输与互联网传输融为一体、相辅相成,信号传输过程综合应用了流媒体(streaming media)技术。

现场直播信号传输过程一般涉及流媒体的推流与拉流。推流就是把现场直播信号传输到网络流媒体服务器的过程,通俗来说就是实时上传,也可以说是编码过程;拉流就是读取网络流媒体服务器指定内容的过程,也就是解码过程。本节将重点讲述有关推流相关知识和应用的硬件、软件,关于拉流技术将在播出平台的章节讲解。

(一)关于推流

1. 常用的直播流媒体网络协议

1)RTMP

RTMP 是实时消息传输协议(real time messaging protocol)的缩写,是一种用于实时数据通信的网络协议,最初由 Macromedia 公司提出,后来该公司被 Adobe 公司收购。该协议基于 TCP,是一个协议族,包括 RTMP 基本协议及 RTMPT/RTMPS/RTMPE 等多种变种。RTMP 主要用于在 Flash/AIR 平台和支持 RTMP 的流媒体/交互服务器之间进行音视频和数据通信。

RTMP 是目前最为主流的流媒体传输协议,广泛用于直播领域,市场上的互联网直播产品或服务均采用 RTMP。

2)NDI 协议

NDI 协议是网络设备接口(network device interface)协议的简称,是 NewTek 公司于 2015 年推出的网络设备接口协议,是一种基于局域网的信号传输协议。NDI 协议能实时通过 IP 网络对多重广播级质量信号进行传输和接收,使用 NDI 传输技术,局域网内的一个设备可以通过一条网线输出或者接收多个 NDI 信号。

由于 NDI 协议是局域网传输协议,只能在本地局域网范围的信号传输,适合应用本地 IP 化信号的制作。目前,NewTek 公司全新推出的第五代 NDI 技术已经解决了远程传输的问题。

3)SRT 协议

SRT 协议是安全可靠传输(secure reliable transport)协议的简称,是由 Haivision 和 Wowza 共同创建的 SRT 联盟所发起的,是一种基于 UDT 协议的开源互联网传输协议。

SRT 协议具有开源、低延迟的特点,能够在普通互联网环境下,实现多地之间高清视频的安全可靠传输与分发,备受业界欢迎。该协议广泛应用于电视节目远程制作、互联网远程音视频传输等场合。同时需要注意的是,SRT 协议是点对点传输协议,由于需要穿透互联网,所以至少需要在发送端或接收端的任意一端具备固定公网 IP 地址。

4) HLS 协议

HLS 协议是 HTTP live streaming 协议的简称,是由 Apple 公司提出的基于 HTTP 的流媒体网络传输协议。它的基本原理就是当现场直播信号内容推送到流媒体服务器时,服务器将收到的流信息每缓存一段时间就封包成一个新的 ts 文件,同时流媒体服务器会建立一个 m3u8 的索引文件来维护最新几个 ts 片段的索引。当客户端播放直播信号时,将从 m3u8 索引文件中获取最新的 ts 文件片段来播放,客户端只要不停地按照顺序播放从服务器获取的文件,就实现了直播。基本上,HLS 协议是通过点播技术实现了直播体验[1]。

2. 推流硬件系统

1) TVU One

TVU Networks 公司于 2005 年在美国硅谷成立,主要服务于高端的广播级市场及中端的专业级市场,致力于直播视频的采集、制作、传输、路由选择、分发和管理等领域。

TVU Networks 公司开发的 TVU One 直播背包备受媒体机构欢迎。TVU One 直播背包是第六代 TVU 移动 IP 视频发射机,可同时聚合多种异构网络,包括 3G/4G/5G、微波、卫星、BGAN、WiFi 和以太网,以满足多种应用场景,实现更稳定及更高速率的网络连接及信号传输。

2) LiveU

LiveU 公司是一家来自以色列的主营蜂窝移动多信道捆绑业务的公司。LiveU 公司开发的移动式编码器与 TVU One 一样,属于同一类型的产品,都是基于 IP 网络传输音视频信号的传输设备。

3) Cogent(高骏科技)

Cogent(高骏科技)是我国世纪睿科集团旗下的一个品牌,创立于 2011 年,品牌产品以信号传输类产品为特色,生产包含卫星传输、5G 多链路聚合网关、编解码器、5G 直播背包和微波传输等产品,构建了一个全方位的信号传输体系,能够覆盖各种高品质的信号传输需求。

4) UNIVISO(壹唯视)

UNIVISO(壹唯视)是我国成都一家专注于移动通信和超高清视频计算的高科技企业,其最新研发并推出的超高清直播终端,全面支持 5G 移动通信和广播级超高清(4K)编码技术,基于 i-Mux 的高速文件传输引擎,提供高达 300 Mbps 文件上传能力,适用于媒体分支结构、战地记者等的文件高效回传。

5) GLive

GLive 系列产品是我国深圳市高视数字技术有限公司基于多链路聚合技术和 H.265

---

[1] 陆亮.基于 Nginx 技术的直播平台[J].视听界(广播电视技术).2018(03):22-30.

编码技术研发的实时视频传输终端,最新产品集成了视频切换、多链路聚合、H.264/H.265 编码、网络推流、本地 SD 卡存储等功能。由于其产品性价比高,更适合业界一般用户使用。

6) datavideo

datavideo NVS 系列网络直播编码器是由洋铭研发的,最新产品集编码推流和录像功能于一体,可以设定不同的码率以供推流和录像使用。但 NVS 系列产品需要通过路由器连接设备和计算机,使用浏览器来设定设备。

7) Ucast

Ucast 系列直播编码器和背包是由我国深圳亿播网视科技有限公司研发的,其中 Ucast Q9 多网聚合 5G 直播背包使用多链路聚合技术,可以最多支持九网聚合,保证直播工作可以在各种网络环境下正常运转。

除了以上编码推流设备外,市场上还有其他各种品牌的产品,但在质量和应用功能上参差不齐。

3. 推流软件系统

1) OBS

OBS 是 open broadcaster software 的简称,它是一款用于视频录制和直播的免费和开源软件,支持 OS X、Windows、Linux 操作系统,适用于多种直播场景,满足大部分直播行为的操作需求。OBS 最大的特色就是对任何人都是免费的,没有水印或其他限制,可以无限制地用于商业用途。

2) XSplit Broadcaster

XSplit 公司成立于 2009 年,其系列产品中有一款直播和录制应用程序 XSplit Broadcaster,是一款类似于 OBS 的应用程序。但在功能上有一些差异,如 XSplit Broadcaster 的付费版本和免费版本,付费版本可以实现多平台推流。

3) 导播软件内嵌推流工具

vMix、芯象、Livestream Studio 等导播软件除了具有导播、节目包装等功能之外,内嵌有推流工具。其中芯象导播系统支持多路推流,一次可以同步推流 10 个平台。

4) 网络直播平台自有工具

随着我国互联网技术的发展,网络直播平台已作为人们信息交流的新方式,一大批网络直播平台迅速崛起,如抖音直播、快手直播、虎牙直播、斗鱼直播等,这些平台一般都有自己的直播工具或推流工具。

第八节 播出平台

播出平台是现场直播流程中的最末端,也是与观众建立起连接关系的桥梁。近年来,随着互联网技术和互联网文化的发展,体育赛事直播的媒体呈现形式发生巨大的变化,已从传统的电视台平台扩展到互联网平台直播。

一、电视台

电视台,英文为 TV station 或 television station,是制作或编排电视节目并通过有线或无线的方式向大众播出的媒体机构,一般由政府或商业机构创办运作。

英国广播公司(British Broadcasting Corporation,BBC),成立于 1922 年,前身为民营的 British Broadcasting Company,1927 年改组为英国政府控制的公营媒体机构,1936 年建立电视台并开始提供电视服务,是世界上第一家电视台。国外比较有名的体育电视频道有 ESPN、FOX Sports、NBC Sports、Sky Sports、Eurosport 等。

中国的电视事业起步于 1958 年。1958 年 5 月 1 日,北京电视台开始试验广播,这是我国第一家电视台,标志着我国电视事业的正式诞生,同年 9 月 2 日正式播出。1978 年 5 月 1 日前期的北京电视台更名为中央电视台。2018 年 3 月,中央电视台与中国国际电视台、中央人民广播电台、中国国际广播电台整合为中央广播电视总台(China Media Group,CMG)。

根据国家广播电视总局发布的各级广播电视播出机构及频道频率名录,截至 2022 年 12 月,我国共有 391 家地级以上广播电视台、2099 家县级广播电视台和 33 家教育电视台;与体育相关的电视台有 29 家共 31 个频道[①],具体如表 2-3 所示。由于涉及体育赛事版权授权问题,并不是所有电视台或频道都可以直播或转播体育赛事节目,只有在获得授权的情况下方可直播或转播。

表 2-3 我国与体育相关的电视台及频道列表

序号	电视台	频道名称
1	中央广播电视总台	CCTV-5 体育频道、CCTV-5＋体育赛事频道、CCTV-16 奥林匹克频道
2	上海广播电视台	五星体育频道
3	广东广播电视台	体育频道
4	北京广播电视台	体育休闲频道
5	安徽广播电视台	综艺·体育频道
6	山东广播电视台	体育频道
7	江苏电视台	体育休闲频道
8	辽宁广播电视台	体育频道
9	黑龙江广播电视台	文体频道
10	陕西广播电视台	体育休闲频道
11	天津广播电视台	体育频道
12	内蒙古广播电视台	文体娱乐频道
13	山西广播电视台	文体生活频道
14	重庆电视台	文体娱乐频道

---

① 资料来源:http://www.nrta.gov.cn/col/col69/index.html。

续表

序号	电视台	频道名称
15	新疆广播电视台	汉语体育健康频道
16	广州市广播电视台	竞赛频道
17	深圳市电视台	体育健康频道
18	汕头市广播电视台	文旅体育频道
19	长春市广播电视台	文旅体育频道
20	济南市广播电视台	文旅体育频道
21	青岛市广播电视台	体育休闲频道
22	杭州市广播电视台	青少·体育频道
23	郑州市广播电视台	文体旅游频道
24	商丘市广播电视台	文体科教频道
25	武汉市广播电视台	文体频道
26	大连市广播电视台	文体频道
27	太原市广播电视台	文体频道
28	石河子市电视台	影视文体频道
29	宁波市电视台	都市文体频道

二、互联网直播平台

互联网直播，也称为网络直播，是指互联网使用者可以通过互联网收看到现场音视频实况。网络直播最早的形式是将电视的模拟信号转换为数字信号，实时上传到互联网上供人们观看，即是我们平时所说的"网络电视"，但这并不是实际意义的网络直播，只是电视信号的互联网形式传播而已。具有真正意义的网络直播就是通过专业的视频制作设备和信号采集设备，把现场的音视频信号传输到互联网服务器，发布到互联网平台，受众可以使用PC端或移动端收看。

（一）互联网直播平台的发展

回顾我国网络直播的发展历程，大致经历了起步阶段、发展阶段、爆发阶段、跨越阶段等，如表2-4所示。

表2-4 我国网络直播的发展历程

发展阶段	内容形式	直播媒介
起步阶段 （2005年至2011年）	以真人秀直播为主，有聊天、唱歌和表演模式	以PC端为主
发展阶段 （2012年至2014年）	以主播+游戏的方式为主，内容相对单一，呈垂直化	以PC端为主

续表

发展阶段	内容形式	直播媒介
爆发阶段 (2015年至2016年)	朝泛娱乐方向迅速发展,直播内容呈多元化,进入全民直播	由PC端向移动端转变
跨越阶段 (2017年以后)	向传统行业渗透,主要涉及电调、教育培训、财经、社交等领域	以移动端为主

2005年至2011年属于起步阶段,以传统的真人秀直播为主,传播内容相对单一,主要是聊天、音乐、表演模式;2012年2014年是发展阶段,主要内容是主播＋游戏,平台发展迅速,竞争相对剧烈;2015年至2016年是多元化的爆发阶段,内容呈现"直播＋"的多元化,平台与用户发展迅速,逐步向移动端转变,直播进入全民化;2017年以后,是跨越阶段,随着互联网＋和移动媒体的发展,网络直播行业呈跨越式发展,网络直播用户规模也在不断扩大,网络视频直播平台向传统行业渗透,特别是电商行业。根据中国互联网络信息中心(CNNIC)发布的第50次《中国互联网络发展状况统计报告》,截至2022年6月,我国网络直播用户规模达7.16亿,占网民整体的68.1%。其中,电商直播用户规模为4.69亿,占网民整体的44.6%;游戏直播用户规模为3.05亿,占网民整体的29.0%;真人秀直播用户规模为1.86亿,占网民整体的17.7%;演唱会直播用户规模为1.62亿,占网民整体的15.4%;体育直播用户规模为3.06亿,占网民整体的29.1%[①]。

(二)互联网直播平台的特点

随着互联网技术的进一步发展,网络直播已经进入了跨越式发展,可以说网络直播已经覆盖各个领域,成为一个热点的社会现象。互联网直播平台的快速发展与其明显的特点密不可分。

1. 互动强

直播过程中,主播或直播主体与受众分享精彩内容,获得受众的认可;而受众可以通过文字、图片、礼物或红包、弹幕等方式与主播或其他受众进行实时互动交流。相比于传统媒体,互动性强是互联网直播平台最突出的特点。

2. 时空活

互联网直播平台依托于互联网,在互联网的海量信息中,不受时间与空间的限制,可以实现随时随地、长时间、多频道、全世界范围进行直播,还可以实现回放点播。对传统的电视台来说,受到了有限的时间和频道资源的线性传播限制,很难达到互联网平台的传播效果。

3. 受众广

根据中国互联网信息中心(CNNIC)发布第50次《中国互联网络发展状况统计报告》显示,截至2022年6月,我国网民规模为10.51亿,互联网普及率达到74.4%,网民使用

---

① 中国互联网络信息中心.中国互联网络发展状况统计报告[R].北京:中国互联网络信息中心,2022。

手机上网的比例达到99.6%①。

4. 门槛低

电视台的直播必须严格执行《广播电视安全播出管理规定》《关于加强广播电视群众参与的直播节目管理的通知》和《群众参与的广播电视直播节目管理暂行办法》等有关规定,直播节目必须实行报批备案后方能延时播出。而互联网直播平台实行播出主体注册制度,不论是个人还是具有法人资格的主体均可实名注册,注册后即可接入播出平台。可见,互联网直播平台的信息接入对电视台来说,相对容易很多。

(三)提供视频直播服务的互联网平台

1. 免费直播平台

1)自媒体号类

自媒体,英文为 we media,是个人或个体通过互联网途径对外发布消息的一种传播方式。自媒体号就是个人或个体依托互联网平台注册的具有信息发布功能的账号。自媒体号主要分为图文和视频两类,部分视频自媒体号具有免费的视频直播功能,如微信视频号、抖音号、爱奇艺 iQ 号、触电号等。

2)娱乐类

娱乐类直播平台一般有娱乐直播和生活直播两类。娱乐直播的内容主要是音乐、舞蹈和脱口秀等;生活直播主要围绕与生活相关的内容展开,如美食、出行、社交等。这类直播平台主要有映客直播、花椒直播等。

3)游戏类

游戏直播平台主要是以电子竞技和游戏为主要载体,在直播过程中主播可实时加入解说员或与对手或他人聊天的声音。目前,国内游戏直播平台主要有虎牙直播、斗鱼直播、快手直播、CC 直播、战旗直播等。

4)体育类

这里所说的体育直播平台是指可以为个人或个体提供具有互联网视频直播功能的体育专业视频平台,也就是我们所说的 UGC 模式。在激烈的体育版权和体育产业市场竞争中,体育直播平台面临着转型、兼并、停运的问题,如龙珠直播由游戏直播转型为体育直播,腾讯收购企鹅直播并转型为企鹅体育,章鱼 TV 停止运营等。目前,可以为个人或个体提供体育视频直播的专业平台有企鹅体育、龙珠直播、抓饭直播、中国体育、我是球星、懂球帝等。

2. 付费直播平台

1)SaaS 服务类

SaaS,是 software as a service 的英文缩写名称,意思是软件即服务,中文名称为软件运营,是基于互联网提供软件服务的一种模式,可以简单理解为租用软件服务。个人或个体可以借助 SaaS 服务商,可按时长、周期和服务需求租用服务商的直播软件来做私域直

---

① 中国互联网络信息中心. 中国互联网络发展状况统计报告[R]. 北京:中国互联网络信息中心,2022.

播，SaaS服务商不但可以满足用户对直播的功能需求，还可以为用户节省投入设备费用和维护成本。市场上提供SaaS服务的品牌有两种：一种是大型互联网企业提供的云服务，如腾讯云、阿里云、华为云、百家云等；另一种是专业提供互联网直播服务公司推出的SaaS产品，如微赞、微吼、目睹、保利威等。

2）电商类

电商直播平台是为商家提供商品或服务进行线上展示和销售的一种新型途径。电商直播源自电视购物频道，但优于电视购物频道，增强了销售下单和互动社交功能。电商直播平台一般是收费的，收费方式包括服务费、销售佣金等。电商直播平台主要有两种：一种是电商平台设立的直播栏目，如京东直播、淘宝直播、苏宁直播、唯品直播、多多直播等；另一种是娱乐社交直播平台设立的电商栏目，如抖音电商、快手电商等。

3. 自建直播平台

自建直播平台是个人或个体根据自己的需求搭建一个自主研发的直播平台。自建直播平台具有自主性强、适用性高的特点，但要求专业性较强，前期投入的研发费用、硬件费用、带宽费用和时间成本较高，需要投入大量的人力、物力和财力，一般不建议选用这种模式搭建直播平台，建议选用SaaS模式搭建私域直播平台。

三、如何选择播出平台

2022年6月21日，国家广播电视总局出台的《关于进一步加快推进高清超高清电视发展的意见》明确提出，到2025年底，全国地级及以上电视台和有条件的县级电视台全面完成从标清到高清转化，标清频道基本关停，高清电视成为电视基本播出模式，超高清电视频道和节目供给形成规模[①]。随着电视进入高清时代，电视直播的画面效果、流畅度得到了质的提升，电视机也呈现出大屏化趋势，观众的观看体验得到较大的满足。然而，电视直播也存在不足之处。直播只能由电视台组织开展，必须由电视台完全控制；体育赛事现场电视直播一般针对重要的或运营方购买直播服务的体育赛事；电视直播由于受到频道资源的限制，体育直播节目缺少互动性，缺少多角度、多终端、多语种观看等。

与电视直播相比，互联网直播的优势明显。第一，直播的主体多样化，可以是电视台，也可以是个人或个体；第二，节目具有较强的互动性；第三，可以做到多角度、多终端、多语种等方式直播；第四，直播可以实现回放与重播、点播功能。但是，由于互联网直播受限于网络带宽，延时、缓冲、清晰度问题时有发生。

体育赛事直播如何选择播出平台？如果赛事比较重要，预算资金较为充足，赛事信号制作水平达到电视台播出标准，可以选择电视台进行直播，也可以选择电视台与互联网进行组合直播。如果是一般赛事且资金有限的情况，建议选择互联网平台进行多平台分发直播。

---

① 国家广播电视总局.关于进一步加快推进高清超高清电视发展的意见[J].广播电视信息.2022,29(07):7-8.

第九节 其 他

一、供电

根据现场直播工程的需要，连续正常供电是保障直播工作正常开展的重中之重，任何形式的不正常供电都会严重影响直播工作的正常运行。随着科技的发展，直播工程的供电方式也呈多样化发展。

（一）交流电

交流电（alternating current，AC）是最常见的供电方式，即为人们日常使用的市电。交流电的相位主要有单相和三相两种。在我国，单相电压为220 V，一般为民用电；三相电压为380 V，一般为工业用电。根据广播电视设备的特性，直播工程通常使用220 V单相交流电，也有一部分使用380 V三相交流电。

（二）UPS

UPS是uninterruptible power supply的缩写，即为不间断电源，是一种使用储能装置供电的供电方式。在使用过程中，UPS作为一个供电中继设备，交流电接入UPS，UPS供电给使用设备；当交流电正常供电时，使用设备正常使用交流电，并向UPS的储能装置充电；当交流电中断时，UPS通过储能装置自动供电给使用设备。UPS在直播工程中，能够保障在不正常断电的情况下，保障直播设备在一定时间内正常使用。

（三）移动电源

随着短视频的快速兴起，户外直播也逐步成为潮流。户外直播的供电方式与传统的直播方式有所不同，要求供电方式便利、持续时间长并可携带。可见，移动式电源更适合户外直播。

1. 电池

这里所说的电池，一般是指摄像机电池。摄像机电池采用的都是锂电池（lithium cell），输出的为直流电（direct current，DC）。通用的摄像机电池可以应用在摄像机、补光LED灯或推流编码设备上。在实践应用中，可以将一个V口摄像机锂电池供电转换件应用到多个设备上，如图2-51所示。

2. 户外电源

户外电源也称为户外移动电源，原理与我们日常使用的充电宝的原理是一样的，但在输出功率、容量和电压上不同。户外电源一般采用锂电池组或者磷酸铁锂电池组作为储能装置，并通过逆变电路将电池组的直流电转换为交流电220 V输出，可以兼容直流电输

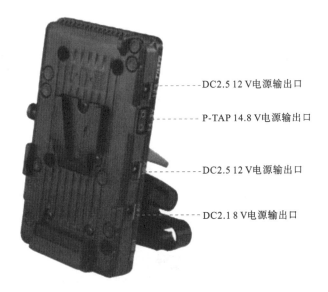

图 2-51　V 口摄像机锂电池供电转换件

出,以满足各类设备的用电需求。市场上的户外电源产品非常多,由于户外电源储存电量远大于普通充电宝,且输出功率和电压较大,选购时必须把安全性作为首要考虑因素。

二、网络

网络的质量好坏决定直播画面通过互联网呈现给观众的效果,对互联网直播方式来说,网络就是最终作品能否最优呈现的关键。在互联网直播中,使用的网络一般有以下三种。

(一)有线网络

有线网络即是有线宽带,包装电信运营商的 ADSL、光纤宽带、单位局域网等。市场上提供有线宽带业务的运营商很多,有中国电信、中国联通、中国移动和中国广电等国企品牌,也有一些民营品牌,不论是哪家提供服务,作为使用者更看重的是服务质量和网络速度。

如果选择用于互联网直播的有线宽带,网络的稳定性是首要的,接着要考虑有线网络的上行速率,即上传到互联网的速度,目前绝大多数有线宽带运营商都对有线网络的上行速率做了限制。如果按 1080P 的标准做互联网直播,一般要求网络上行速率为 20 Mbps 以上。为了保证直播画面顺畅,有线网络最好是使用专线专用。

(二)无线网络

无线网络有 WiFi 网络和移动通信网络。WiFi 网络通常是有线网络的扩展,实质上还是有线网线;在互联网直播中应用无线网络更多指的是使用移动通信网络中的 4G/5G 网络。4G/5G 网络是按流量收费的,一般在上行速率方面没有过于严格的限制,但网络的质量会受到移动通信基站设置范围的影响。

（三）多网聚合

多网聚合技术就是将有线网络与无线网络进行多路聚合，实现速度叠加，多路并行传输，以保证网络连接稳定。多网聚合技术既解决了有线网络的上行速率问题，又解决了由于某一移动通信运营商基站不足影响网络质量的问题。多网聚合的工作原理示意图如图2-52 所示。

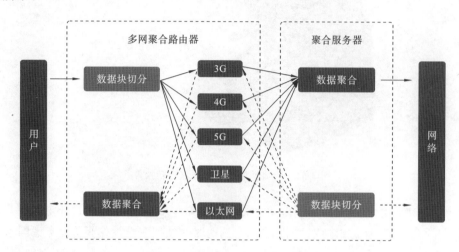

图 2-52　多网聚合的工作原理示意图

三、布线

（一）视频线

电视工程的视频线一般以 SDI 线和 HDMI 线两种为主。

1. SDI 线

SDI 是英文 serial digital interface 的缩写，是由 SMPTE(Society of Motion Picture and Television Engineers)组织制定的一种数字视频接口标准。

按照数据传输速率，SDI 可以分为 SD-SDI、HD-SDI、3G-SDI、6G-SDI 和 12G-SDI，对应速率分别是 270 Mbps、1.485 Gbps、2.97 Gbps、6 Gbps、12 Gbps，也分别称为标清、高清、超高清、4K 超高清、真 4K 超高清。

SDI 线一般使用高品质同轴电缆，两头使用高品质 BNC 接头（又称为 Q9 头，是一种标准的同轴电缆连接器，英文为 bayonet nut connector）。BNC 接头分为公头与母头（见图 2-53），BNC 公头带有卡口，内侧有弹性；BNC 母头两侧各有一个卡点，可以与 BNC 公头的卡口对接并卡紧 SDI 线两端，这也是 BNC 接头的最大优点，可以防止线缆掉落。

图 2-53　BNC 公头与母头

2. HDMI 线

HDMI 是英文 high definition multimedia interface 的缩写,是一种支持在单线缆上传输不经过压缩的音视频的数字接口技术。由美国矽映电子科技公司(Silicon Image)倡导,联合索尼、日立、松下、飞利浦、汤姆逊、东芝等八家著名的消费类电子制造商联合成立的工作组共同开发[①]。

HDMI 最早在 2003 年发布,目前已经有很多版本,如 1.0、1.1、1.2、1.4、2.0 和 2.1 等版本,市场上最常见的是 1.4、2.0 和 2.1 版本。

HDMI 1.4 最大带宽为 10.2 Gbps,最高可以支持 4K 30 帧,但流畅度有待提高;HDMI 2.0 最大带宽为 18 Gbps,完美流畅,可以支持 4K 60 帧;HDMI 2.1 最大带宽为 48 Gbps,最高可以支持 8K,但可以使用的设备较少。因此,在选购设备和线材时,建议优先选择向下兼容性较好的 2.0 版本接口的设备或线材。

随着 HDMI 的功能越来越丰富,HDMI 的类型也在不断丰富。按照电气结构和物理形状的不同,HDMI 接口可以分为 Type A、Type B、Type C、Type D、Type E 五种类型,其中 Type A 类型是使用最广泛的 HDMI,如图 2-54 所示;Type B 类型的 HDMI 比较少见,主要用于专业级设备上;Type C 类型称为 mini HDMI,主要用于小型设备上;Type D 类型称为 micro HDMI,主要用于移动的小型设备上;Type E 类型采用机械锁扣式设计,以保证设备连接的稳定性,主要用于车载娱乐设备的音视频传输。

图 2-54　Type A 类型 HDMI

(二)音频线

电视工程的音频线一般使用平衡信号线,音频线通常使用 XLR 卡侬头或 AES/EBU TRS JACKS 大三芯插笔头连接,以实现高保真、远距离的平衡音频信号传输。具体相关知识见本章第四节"音频系统"的内容。

(三)内部通话线

保持内部通话线路的畅通是保证直播各工作岗位正常联系的关键。根据内部通话系统的连接方式,无线内部通话系统是不需要布线的,有线内部通话系统需要按照功能要求进行布线。

1. 独立使用的有线内部通话系统

独立使用的有线内部通话系统是通过独立的、专用的线缆实现通话主机与子机之间的连接的。因此,需要根据工作岗位的需要进行布线。通常每个子机都需要一条独立的线缆连接主机,可以按连接接口类型选择匹配的线缆,线缆可能是专用综合线缆,也可能

---

① 江兴才.基于数字水印的终端数字接口内容保护系统[D].武汉:华中科技大学,2011。

是通用的网线——双绞线,甚至有可能是光纤线缆。

2. 接入讯道系统的有线内部通话系统

讯道系统与摄像师岗位之间的通话是使用 SMPTE 综合光缆进行连接的。在讯道系统中使用内部通话系统,一般是把内部通话对应接口直接接入讯道系统中的摄像机控制单元,从而实现主机与子机之间的通信。在这种情况下,内部通话系统是不需要布线的,综合光缆布线并连接后即可实现通话。

(四)布线要求

1. 弱电线布线要与强电线分离

音频线、视频线属于弱电线,而用于交流电传输的线缆属于强电线。强电线传输的是驱动设备的交流电,有较强的干扰谐波,如果在没有电磁屏蔽的情况下,弱电线与强电线平行或布线太近的话,弱电线就会受到电磁波的干扰,进而影响音频或视频信号的正常传输。因此,在电视工程布线过程中,要弱电线与强电线分离布设。

另外,为了保证音频或视频信号的正常传输,弱电线与使用交流电的设备也要保持一定的距离,至少保持 20 cm。

2. 视频和音频信号线的长度要合理

视频信号线要根据设备的供电能力,选择合适的长度,或者增加信号中继器或放大器来延长视频信号线,合理长度的视频信号线可以保证视频信号传输的质量。

音频信号线要尽可能短,因为音频信号线越长,就越容易受到干扰;如果音频信号线是预制好没办法缩短的情况下,超长的部分不要卷起来,而要折叠放置。

3. 走线要选择最安全的位置

走线时尽量贴住墙边、墙角或者利用座椅的缝隙来走线,必要时需要使用布基胶布来固定线缆,防止行人绊到线缆,这样可以使行人行走安全,也可以防止线缆因受外力拉扯而损坏。

4. 线路保护要注意细节

如果线路要经过一些过道区域,首先要避免线路接口在过道区域,其次要使用过线槽来保护线路。

第三章 直播团队的建设

加强团队建设是为了更高效率地完成工作而开展的团队管理行为。现场直播团队是由执行直播任务的工作人员组成的,每个成员对应一个岗位,每个岗位有对应的工作任务,团队成员相互沟通与协调,使每个环节可以得到有效衔接。

一、直播团队的人员构成与分工

现阶段体育赛事电视公用信号制作所采用的导播模式,符合较为先进的现代导播理念,被人总结为"一变六"模式。它将原来的导播职能分开,将一个导播的工作分成六个人来完成:总导播、慢动作导播、字幕导播、助理导播、切换导播、场地导播。前五名导播是体育赛事电视公用信号制作的节目创作人员,当中的切换导播通常是来自技术部门的人员。

(一) 总导播

1. 岗位描述

学者任金州、马国力认为"导播"一词有两层含意:一层含意是它的名词用法;另一层含意是它的动词用法,是指导播工作。名词意义的"导播"源自英文"director",也可译为"导演"。在台湾学者赵耀的《图框世界》中提道:导播和导演,在英文是同一个字,都是 director。而我们国人的习惯,在舞台和电影中称为导演,在广播与电视中称为导播。只因为媒体的不同而有不同的称呼,但是工作性质是一样的,任务是相近的。实际上,电视媒体涵盖了舞台、广播与电影。在体育赛事直播团队中,总导播所起到的作用是最为重要的、核心的。总导播要统筹整个摄制团队协同工作,执行节目编导的艺术创作构思,通过对机位的调度和镜头的选择,运用声音、字幕、特技等辅助手段来呈现节目,直播过程中遇到突发状况要第一时间做出应对处理。因此,电视直播节目的总导播需要经过严格专业训练,有丰富的电视从业经验,必须具备多方面的知识和能力,要能够把电视技术、视听语言和艺术创作有机结合起来[①]。

---

① 张雪.电视直播节目导播应具备的基本能力[J].新闻传播,2017(03):88-89。

2. 工作内容

总导播事先制定一张详尽的工作安排表,表格应包括如下内容:转播设备的要求、工作人员的联络方式、职责和工作日程、具体制作流程。在工作安排表完成后,作为总导播需要完全按照该安排表的计划来执行并提醒各相关部门、工种的工作人员明确自己的职责,明确每个时段的基本任务。在工作安排过程中,总导播必须注重沟通环节,不能仅凭自己的主观臆断。首先需要与技术部门的负责人沟通,检查目前可提供的技术设备,包括转播车、摄像机、导播台、音频所需设备等。技术保障是成功制作信号的重要一步,一定要注意及早发现问题,及时解决问题。

场地考察也是总导播的职责之一,只有亲自到达比赛场地才能最终确定每个机位的具体架设位置。场地考察也需要带领各技术相关部门的工作人员及导播组成员和主要摄像师,广泛听取大家的意见和建议,目的是及早发现问题并想办法予以解决。

在基础的准备工作完成之后,总导播需要按照工作安排表将各个具体工作分配给相关人员。至此,总导播的全部注意力就应该集中在直播工作上,其余零散工作应分别交付导播组其他工作人员协助完成。

3. 岗位要求

1) 具备统筹调度能力

直播团队的总导播肩负了整个团队的工作安排和赛事直播的统筹规划,因此成熟的总导播必须具备良好的沟通能力和应变能力。

2) 具备过硬的专业知识和技能

体育赛事的魅力在于展现运动员的风采和激烈对抗带来的紧张感和力量美,这对总导播的镜头切换能力要求非常高,总导播不仅要了解赛事的流程环节和规则,还要将比赛进程、运动员、赛况交代清楚,才能让观众看得明白,有参与感。一般大型的比赛中,机位通常有10个以上,这时候总导播既要稳住当前的画面,又要与下一个摄像师沟通,告知他总导播所需要的内容,让摄像师提前做好准备,避免出现问题。总导播必须具备镜头切换的大致纲领和规则,知道在什么时候要上什么镜头,什么样的镜头不能出现在直播画面中,如果现场出现突发情况,这时候就要切换镜头。因此,要把一场体育赛事的公共信号做好,必须确立导播岗位中心制,协调团队成员之间的合作关系,增强团队成员的沟通与配合,提升赛事公共信号制作的效率与效能。

(二) 慢动作导播

1. 岗位描述

慢动作导播的主要工作是协助总导播完成慢动作回放工作,调度慢动作操作员选取重放素材,完成慢动作的适时重放。

2. 工作内容

慢动作导播负责比赛中的精彩镜头回放和有争议镜头的回放。慢动作导播必须要帮助操作员监看直播机位所拍摄的画面,运用自己的专业知识,对比赛进程做出一定的预判,与摄像师沟通所需要的镜头,及时调整机位,给予慢动作操作员清晰的提示,以便能够给总导播提供清楚稳定的慢动作镜头。一个完整的慢动作回放重放的次序如下：超级慢动作、完整动作、多角度画面、反馈镜头。

3. 岗位要求

1）熟练地掌握慢动作时机

在体育赛事直播过程中的慢动作一般由现场技术人员制作完成，如果慢慢地呈现，则不能交代现场最重要或最精彩的瞬间，缺少创新点，只是对之前发生过程的一个再现，慢动作使用的意义就大打折扣了。因此，慢动作操作员要善于掌握慢动作片段选择的时机。

2）业务能力强

体育赛事信号慢动作操作员，既要有熟练操控慢动作设备的能力，又要有较强应用慢动作展现比赛场面的业务能力。

3）反应迅速

某些画面和精彩瞬间稍纵即逝，慢动作导播就要反应迅速、行动敏捷，充当观众的第三只眼睛，告诉观众有哪些内容可能被忽略细节，及时给总导播提供清楚、稳定的比赛细节和内容。

4. 慢动作的处理原则[①]

（1）慢动作的回放要遵从"无偏见地表现参赛各方，镜头分配时间要平等"的原则。慢动作回放不能因国别、民族、文化背景等的不同而区分对待各方参赛运动员，对所有参赛运动员采取绝无偏私、一视同仁的报道。

（2）在回放中对每位运动员场上活动情况的抓拍应紧凑而富于表现力，要运用多重视角。

（3）要求捕捉观众对运动员场上表现的反应及比赛中的精彩看点。

（4）回放中主要的画面要素有线性回放、超级慢动作、激烈对抗、多角度画面、比赛者的反应。

（5）不能因为慢动作而打断比赛进程、影响观众接受正常的比赛信息，打乱直播进行的节奏。

5. 慢动作回放技术设备

慢动作回放是体育赛事电视直播中的一个重要组成部分。EVS慢动作服务器已广泛应用于国内外大型体育赛事转播，是奥运会、世界杯、中超、CBA等国际、国内大型体育赛事指定的慢动作回放设备。

EVS Broadcast Equipment S. A.，于1994年2月在比利时成立，是全球广电界公认的领导者。该公司致力于为世界各国的广播电视机构设计、开发并提供专业的用于数字化录制等方面的媒体服务器及相关的控制软件和制作网络。

除了大型体育赛事使用EVS慢动作系统之外，一般民间的体育赛事可以选择一些性价比较高的慢动作系统，如vMix Repaly系统、洋铭的GO 500 Replay慢动作回放系统等。

[①] 于鹏.浅谈大型赛事足球比赛转播中的慢动作制作[J].中国传媒科技，2013(04)：93-94.

（三）字幕导播

1. 岗位描述

字幕导播主要是做好总导播与字幕操作员的协调沟通工作，确保把体育赛事的字幕信息准确地传递给字幕操作员，字幕操作员完成字幕信息核查后，及时告知总导播和字幕导播，在合适的时间点上切入字幕信息。

2. 工作内容

1) 赛前

在接到赛事信号制作任务后，根据赛事字幕呈现要求，编写字幕流程，提出可行的应急预案。接着要与场地导播及时沟通，了解赛事的进程与节点，明确字幕与每个节点的关系。

2) 赛中

在赛事进行过程中，保证电视画面所呈现的字幕及时和准确无误，做到"添彩而不添乱"。当出现一些不确定的信息时，可不上字幕，避免出现字幕错误问题。

3) 赛后

赛事结束后，字幕导播要保存好字幕电子文件，做好记录，及时归档。

3. 岗位要求

字幕导播要与字幕操作员积极配合，字幕导播熟练掌握字幕流程，字幕操作员熟练操控，及时快速地把赛事信息、即时比分数据、运动员信息、裁判员信息等呈现给观众。

4. 字幕的处理原则

考虑到观众看清一段字幕信息的时间，一般介绍一位运动员的单条字幕不得少于 4 s，如果是运动员的比赛名次字幕，停留时间一般为 15~20 s，给观众的镜头一般为 3~5 s。景别不同的镜头可以灵活调整，既体现对被摄对象的尊重，也体现对电视机前观众的尊重。

（四）助理导播

1. 岗位描述

助理导播，顾名思义就是要做好"助理"的工作，主要是协助总导播工作，为总导播排忧解难，紧急情况下可接任总导播的工作。

2. 工作内容

1) 赛前

做好与赛事主办方的沟通工作，落实团队后勤保障工作，及时掌握赛事的最新详细信息，务必第一时间传达到直播团队的各个岗位，特别是总导播和字幕导播。

2) 赛中

与场地导播密切配合，控制好节目的工作流程，要及时解决场地出现的新情况，并向总导播报告；负责监督赛事信号制作每个流程节点的落实情况。

3) 赛后

直播任务结束后，做好团队的后勤保障工作。

3. 岗位要求

工作态度严谨,有较强的时间观念。熟悉各个岗位的分工,明确每个岗位工作人员的职责。深刻理解总导播的制作思想,能够作为总导播的替补,及时填充到工作岗位上。

(五)切换导播

1. 岗位描述

比赛转播工作中的切换导播,在转播车内按照总导播的要求,选择、组合视频信号,制作输出,其工作包括切换、插入字幕、特效、播放录像视频等。

2. 工作内容

根据体育项目的特点,结合体育赛事信号制作规范与要求,在众多镜头画面中选择一个符合人们的视觉与思维习惯的画面,所选择的画面即为播出画面。

3. 岗位要求

切换导播需要有丰富的摄影摄像功底和经验,能够运用镜头来"讲故事"。画面切换过程中,能够快速调度摄像师的镜头运用。在工作时要心态平稳,不受环境干扰,有时现场会出现失误——切错镜头,出现此类情况时,需要沉着应对,不能乱了方寸[①]。

4. 切换注意事项

1)避免同景相接

同景相接就是将在同一景别的两个镜头连接在一起。同景相接会造成画面跳跃,而画面内容仍然是一样的。

2)避免运动镜头的速度差异

由于体育运动赛事的人与物的变化速度是非常快的,如果在电视直播过程中,镜头变化太快,观众就没有办法看清楚细节,而镜头变化太慢又感觉没有节奏感,画面单调乏味。因此,体育赛事直播过程中,切换画面要结合体育项目的特点,节奏协调,速度合理。

3)避免影响不良的镜头

善于捕捉精彩画面与瞬间是切换导播的一项主要工作。当运动场上出现冲突或者运动场上出现吸烟等影响不良的行为时,切换导播一定要切走这些影响不良的镜头,尽量给观众传达积极、健康的正能量镜头。

(六)场地导播

1. 岗位描述

场地导播是电视公用信号制作导播组中的重要一员。在比赛进行期间,场地导播将作为转播车的眼睛,在现场向车内导播组的其他人员尤其是总导播提供一切与比赛相关的场地信息,并依据总导播的公用信号制作理念和要求协调一切相关的事宜。

---

① 毛晓鹏.浅议电视切换导演的养成[J].新闻传播.2011(06):69。

2. 工作内容

1）赛前

协调落实赛事参赛队伍、队员、教练员、裁判员和场次队员的信息资料，并及时交付给字幕导播。

2）赛中

及时处理场内突发情况，快速提出解决方案，并通报给导播组各工作岗位，保证观众的正常观感。

3）赛后

协助场地人员维护秩序，保证赛事直播工作的安全。

总的来说，场地导播的主要工作是"协调"与"服务"。协调，做好与赛事主办方的联系与沟通，及时获得最快最新赛事信息；服务，为赛事信号制作团队提供场地信息服务，强化团队前方与后方之间的联系。

3. 岗位要求

熟悉电视信号制作业务，保证现场与其他各环节都能顺畅进行。了解运动项目，掌握其规律，以增强工作时的预判能力。外语能力强，具有良好的人际沟通能力。熟悉该运动项目的官员、教练员、球员。工作责任心强，细致认真，对事情再三确认、亲力亲为，不能想当然地主观臆断。具有良好的视力和体力，能达到承受长时间作战的要求。知识面广泛，了解相关国家的宗教、传统、习俗、惯例、礼节等。

（七）摄像师

1. 岗位描述

体育比赛的摄像工作属于户外多机拍摄（outside broadcast multi-camera work），在体育比赛信号的制作过程中，摄像师作为连接比赛现场与观众的第一环节工作者，工作在现场最前沿，直接面对运动员、教练员、裁判员和现场观众。摄像师必须严格按照导播指令，各自操作某种类型的摄像机，根据节目内容需要，从各自不同的机位，采取不同的景别、角度和拍摄方式，记录或表现比赛过程中的某一个部分，为导播提供一路连续、有效的画面信号[①]。导播根据制作需要，选择相应的画面信号作为现场镜头（live shot）或回放（replay）使用。

2. 工作内容

按照导播的要求，熟练准确地操作摄像机，并提供比赛需要的有效画面。

摄像师一般可以胜任固定摄像、手提摄像、轨道摄像、特殊摄像、水下摄像、自动编程摄像、摇臂式摄像、航拍、机动车拍摄、仰拍、视觉停留（persistence of vision，POV）、超级慢动作摄像机、无线摄像、有线常规摄像等摄像任务，并随时替补其他摄像师。

3. 岗位要求

了解和熟练操作各种摄像设备。在导播的调度下能够进行多机位分工合作，工作时

---

① 邓睿. 浅谈拳击比赛制作中摄像师多机位拍摄的方法[J]. 视听. 2018, (06): 39-40。

构图迅速准确；能够理解体育运动项目的特点；能够冷静、正确地处理各种突发问题；有敬业精神，爱护设备、注意安全。

（八）解说员

1. 岗位描述

体育解说员，也称为体育评论员或体育评述员，英文为"sports commentator"，是在体育赛事进行过程中对赛况进行报道的人。

曾任新华社社长和广电部部长的老一辈媒体人吴冷西说过："体育解说是一种相当高级的艺术，是解说员思想状况、文化修养和专业知识的综合反映，每一场体育比赛的转播都是对解说员的一次全面考试。"[①]学者孙荣欣在《漫谈体育评论》中，从解说的宏观角度指出：解说员在解说过程中要准确全面地解说比赛进程，并为观众介绍有关背景情况。解说员应坚持客观公正的舆论向导，引导观众正确地对待比赛，促进体育事业的繁荣和社会主义精神文明建设[②]。可见，体育解说员在体育赛事直播中是一个非常重要的角色。

2. 工作内容

当竞技大幕拉开时，体育解说员要将解说重心转移到对运动成绩的追逐和竞技场内激烈竞争环境的描述，而不是单纯作为体育迷去发表意见。为了提高观众对体育赛事的兴趣和卷入度，解说员往往不遗余力地为观众描绘赛场上激烈对抗的语境[③]；要想方设法通过自己的语言魅力来吸引观众观看，这需要的是解说员自己的创造力和想象。除了在声音、语调、语速上做出改变，最重要的改变就是话语内容的改变，如何在短时间积聚智慧说出绝妙的解说词是解说员需要长期锻炼甚至全力以赴去追求的。体育解说员的解说内容既要突出解说词的艺术性，又要展现个人的风格[④]。

3. 岗位要求

体育解说员所从事的工作是伴随赛事的进程而开展的，观众看到的是精彩的比赛画面，听到的是现场声音与解说员的评述。因此，要求体育解说员要有深厚的专业素养、翔实的赛场信息、丰富的解说经验和精彩的评述观点，加上备受观众喜爱的声线，为观众提供一场具有听觉享受的体育赛事。

二、直播团队建设中面临的困境

（一）体育解说员专业性不够

随着我国互联网的普及应用，体育赛事直播在各大互联网平台遍地开花。目前，电视台的体育赛事解说员队伍相对稳定，也具备较高的业务素质；而互联网平台的体育解说员队伍"鱼龙混杂"，年龄相对较轻，而大多数并不是专业科班出身，就算做过与体育媒体相

---

① 徐辉. 解说解说[M]. 北京：中国传媒大学出版社，2018。
② 王建强. 中国电视体育解说的现状研究[D]. 北京：北京体育大学，2010。
③ 林泊宇. 体育解说员的特色与发展趋势研究[D]. 西安：西安体育学院，2014。
④ 寇嘉伦. 中国体育解说风格嬗变研究[D]. 西安：西北大学，2013。

关工作的也少之又少,一大部分只能称得上是体育爱好者而已。由于大部分体育解说员缺少专业理论知识、基础业务工作不扎实,造成体育解说员队伍的总体专业性不够,致使部分体育赛事的观感体验大打折扣。

(二)直播人员对赛事了解不深

参加体育赛事信号制作的工作人员,大部分是电视媒体的从业者,本身不一定喜欢体育,对体育项目特点和规则的认识不足,加上部分从业者认为只是完成一场赛事的直播,所花费的精力和工夫并不多,导致最终呈现出来的内容只称得上是纪实,与"内容的故事性、戏剧性和创造性"相差甚远。

(三)慢动作导播岗位的缺失

由于受到技术和成本投入的限制,大部分体育赛事信号制作团队并没有设置专门的慢动作导播岗位。有一些实力相对较强的制作团队,会设置慢动作操作员岗位,但他们身兼其他岗位,由于工作任务互相影响,最后得到的回放画面虽然可以使用,但并不能达到更高水平的回放效果。

(四)部分小电视台或团队没有实现导播分工

过去,国内一些电视机构的赛事公用信号制作没有采用国际较为通用的导播分工模式,仍然是总导播自己一人策划、自己出脚本、自己切换,导播人员难以固定,电视台即使人员固定,也没有机会承接大量的赛事。如今我国电视机构承办赛事增多,我们亟须对原有的导播模式进行改革或改进,将国外电视机构先进的导播模式和经验借鉴到我们的导播实践中,细化落实导播分工制。

三、直播团队的建设发展

(一)加强人才队伍建设

随着新媒体技术的发展,直播面临着新一轮的变革,AI、4K、8K画质等新技术不断投入到直播信号制作中,这就要求进一步提高人才的综合适应力。对于新的变革与挑战,直播团队成员应从优招聘、从严管理,确保各个岗位的水平和质量与新技术无缝对接。直播团队在招募工作人员时,既要考察其学习背景、专业知识和实操能力等,又要设置考察期,对考察人员进行培训与考核,进一步提高工作人员的业务能力,为观众提供更精彩、更专业的赛事观感体验。

(二)建章立制,让团队管理高效有序

"不以规矩,不能成方圆"。首先要加强团队的规范化、制度化建设,建立完善的、有效的规章制度,保障团队能够有效率地运转。在内部管理中,直播团队应建立明确的管理规章制度,从制度上对导播分工模式予以支持。比如,在一些经常承办赛事的机构中成立相对固定的导播团队,在团队中确立总导播中心制,团队的工作绩效由总导播负责,并跟每

一个成员的利益挂钩。实行奖惩机制,对在直播中表现良好、态度积极的成员,要予以奖励,以此激励团队成员提高自身业务水平,保证每一场直播整体上处于一个高水准。

(三)固定导播团队的核心成员

通过市场竞争使导播团队能经常性地承接相关赛事的公用信号的制作,实现人力资源的最佳利用和经济上的合理收益。团队人员的工作职责明确,分工细化,总导播可以集中精力思考导播风格和公用信号制作方式等宏观理念及比赛制作中的某些细节,这样才能组建分工细致、任务明确、配合默契的职业化导播团队。

(四)培养团队凝聚力和默契

团队凝聚力是一个团队融洽、和谐的基本要素,是团队文化建设的基本立足点,更是一个团队长远发展的基本保障。在团队建设过程中,管理行政部门可以定期开展团建活动,培养团队成员之间的合作精神与默契,在活动中加强沟通、促进了解,形成高效运转的直播团队。

第四章

大球运动赛事直播技术

大球运动一般是指"三大球",即足球、篮球、排球。在竞技体育赛事中,三大球的关注度高、影响力大,是建设体育强国不可或缺的内容。2014年8月15日,中共中央总书记、国家主席、中央军委主席习近平到南京青奥会运动员村看望第二届夏季青奥会中国体育代表团。在青奥运动员村训练馆篮球场边,习近平对球员和教练员说,"三大球"要搞上去,这是一个体育强国的标志。

足球、篮球、排球作为传统的三大球项目,是因其所具有的区域有限性、对攻性、团队性等共同的特点。大球赛事直播在拍摄方式和机位安排上也有很多的共通性,所有大球赛事直播均使用横向视角拍摄方式进行机位安排。

一般来说,大球赛事的基本机位设置分为主机位和场地机位两种。主机位,通常架设在主席台后方的看台高点上,运作方式是左右摇摆、跟球跟人,这是比赛中使用最多的机位,大部分画面都是用这个机位完成拍摄的。主机位的作用是清晰地交代比赛情况,机位的架设高度和镜头倍数的大小将会直接影响镜头效果。

场地机位,一般在球场一侧边线附近设置两台机位,分别在球场两个半场的1/2处左右。场地机位主要是用来拍摄赛场的中近景,并抓拍比赛中激烈的攻防镜头,并拍摄比赛过程中的一些关键镜头,如进球、严重犯规、精彩镜头等。

有了必要的拍摄机位,一场比赛将得到精彩的屏幕呈现。随着信息技术的不断进步,体育赛事直播的机位设置越来越丰富,功能也越来越全面,为屏幕前观众呈现出完美的比赛效果。

做好三大球赛事直播工作,除了有足够的人、财、物之后,了解三大球的发展,掌握三大球赛事规则是真正做好三大球赛事直播工作的前提。

第一节 足 球

一、足球项目介绍

足球,英文为 football 或 soccer。在美国,football 一般是指橄榄球,而 soccer 才是足球;其他国家基本不会用 soccer,而是用 football 来称呼足球。足球运动是一项以脚为主来支配球,在一定的运动规则下,在同一场地上进行攻守的集体性体育运动。由于足球运动具有对抗性强、战术多变、参与人数多等特点,通常被人们认为是"世界第一运动"。据史料记载,足球最早起源于我国战国时期的游戏项目"蹴鞠",后来传播到亚洲的日本、韩国,并通过丝绸之路由阿拉伯人传至欧洲,并在英国的剑桥大学发展成为现代足球。1900年,在第二届夏季法国巴黎奥运会中,足球被列入正式项目。

(一) 比赛场地介绍①

足球比赛场地(见图 4-1)必须是长方形,边线的长度必须大于球门线的长度。长度为 90~120 m,宽度为 45~90 m;场地缓冲区宽 2 m。国际比赛的场地长度不得大于 110 m 或小于 100 m,宽度不得大于 75 m 或小于 64 m。

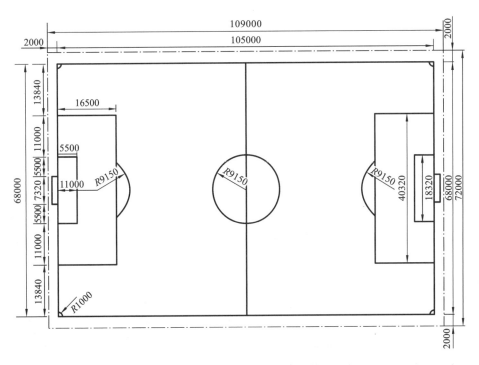

图 4-1 11 人制足球比赛场地平面图(单位:mm)

比赛场地是用线来标明的,这些线作为场内各个区域的边界线,包含在各个区域之内。两条较长的边界线称为边线,两条较短的线称为球门线。所有线的宽度不超过 12 cm。比赛场地被中线划分为两个半场。在场地中线的中点处做一个中心标记,并以此点为圆心画一个半径为 9.15 m 的圆。在场地每个角上各竖一根不低于 1.50 m 的平顶旗杆,上面系一面小旗。在中线的两端、边线以外不大于 1 m 处,也可以放置旗杆。

从距球门柱内侧 5.50 m 处,画两条垂直于球门线的线。这些线伸向比赛场地内 5.50 m,与一条平行于球门线的线相连接。由这些线和球门线组成的区域范围称为球

---

① 国际足球理事会(IFAB).足球竞赛规则 2021/2022[M].北京:人民体育出版社,2022.

门区。

从距每个球门柱内侧 16.50 m 处，画两条垂直于球门线的线，这些线伸向比赛场地内 16.50 m，与一条平行于球门线的线相连接。由这些线和球门线组成的区域范围称为罚球区。在每个罚球区内距球门柱之间等距离的中点 11 m 处设置一个罚球点。在罚球区外，以距离每个罚球点 9.15 m 为半径画一段弧线。在比赛场地内，以距每个角旗杆 1 m 为半径画一个 1/4 圆，弧内地区称为角球区。

球门必须放置在每条球门线的中央。它们由两根距角旗杆等距离的垂直的柱子和连接其顶部的水平的横梁组成。两根柱子之间的距离为 7.32 m，从横梁的下沿至地面的距离为 2.44 m。两根球门柱和横梁具有不超过 12 cm 的相同的宽度与厚度。球门线与球门柱和横梁的宽度是相同的。球门网可以系在球门及球门后面的地上，并要适当地撑起以不影响守门员。

球门柱和横梁必须是白色的。球门必须是牢固地固定在地上，如果符合这个要求才可使用移动球门。

球网允许用大麻、黄麻或尼龙制成。尼龙绳可以用，但不得比大麻或黄麻绳细。

（二）比赛规则介绍[①]

1. 足球赛制

标准 11 人制足球比赛由两个球队参加，每队 11 人（一般情况下，比赛期间每队允许替换 3 名替补球员），其中必须有 1 名守门员。全场比赛为 90 min，分为上、下两个半场，每半场 45 min。上、下半场之间的休息时间不得超过 15 min。比赛中有 1 名主裁判员和 2 名边线裁判员。随着科学技术的发展，从 2014 年巴西世界杯开始，足球比赛增加了 VAR 视频辅助裁判员。每个半场，主裁判员可以根据场上的伤病和换人耗时情况进行补时。90 min 内两队若打平，则进行上、下半场各为 15 min 的加时赛，若依然打平，则通过 5 球制罚点球分出胜负。

如果足球完全越过边线，将判罚掷界外球。球员将球碰出己方球门底线后，将判给对方角球。向前传球时，进攻方接球的球员与球门之间必须有两名对方球员，否则将被判越位。球员在己方禁区内犯规将判给对方一个点球，如果点球被守门员扑出或者踢到门柱上弹出，比赛将继续，但在点球决胜时，如果足球击中门框弹回则不能补射。禁区外犯规，将判给对方一个任意球。如果任意球罚球点靠近禁区，对方后卫可以筑起一道人墙。直接任意球是可以直接射门的，而间接任意球在射门之前必须有传球。在严重犯规和侵犯动作发生时，主裁判员会出示黄牌予以警告。如果犯规球员得到第二次黄牌警告或者恶意犯规，主裁判员将出示红牌，将其罚下场。

比赛时间应分为两个相等的半场，每半场 45 min，一场球 90 min。特殊情况双方同意另定除外，并按下列规定执行。

（1）在每半场中由于替补、处理伤员、延误时间及其他原因损失的时间均应补足，这段时间的多少由裁判员决定。

[①] 国际足球理事会（IFAB）. 足球竞赛规则 2021/2022[M]. 北京：人民体育出版社，2022.

（2）在每半场时间终了时或全场比赛结束后，如执行罚球点球、角球、前场任意球或带球进入对方禁区且暂未完成进球，则应延长时间至进攻结束为止。除经裁判员同意外，上、下半场之间的休息时间不得超过 15 min。

2. 计胜方法

除规则另有规定外，凡球的整体从门柱间及横木下越过球门线，而并非攻方球员用手掷入、带入，故意用手或臂推入球门（守门员在本方罚球区内除外），均为攻方胜一球。在比赛中，胜球较多的一队为得胜队，如双方均未胜球或胜球数目相等，则这场比赛应为"平局"。

二、足球赛事直播技术

（一）直播要求

在足球赛事的现场直播中，直播质量和直播效果是制作团队需要考虑的。要提高直播质量需要关注的因素很多，赛事的层次与水平、直播设备的软硬件、直播团队的技术力量等是比较重要的因素；要提高直播效果需要从赛事运作、机位设置和镜头运用等三个方面进行考虑，其中直播时的机位数量和机位设置是最直观的因素。

标准 11 人制足球比赛共有两个队 22 名运动员在场上竞技，每队有 10 名运动员、1 名守门员。作为球迷的"眼睛"，摄像机拍摄的赛况画面对一场比赛的直播质量起着至关重要的作用。因此，直播时常常需要多个摄像机位、多个角度对赛场上的赛况进行实时拍摄。

（二）机位要求

如果在经费预算非常有限的情况下，足球比赛的机位安排，最少需要 3 个机位，由于缺少大保全镜头，无法为屏幕前观众呈现全场全景的镜头，对一场精彩的足球赛事来说是一个遗憾。

一般情况下，对于标准 11 人制足球赛事的现场直播，5 个机位是比较合适的。有足够的机位，既可以保证足球赛事多方位交代比赛环境，又可以为屏幕前观众呈现更为精彩的赛事现场。

两队对阵的比赛直播绝不可以出现越轴的镜头，这也是对阵型比赛直播的基本原则。在比赛过程中，如果突然出现越轴的镜头，观众就很难识别左右，造成比赛双方的进攻方向视觉混乱。

如图 4-2 所示，足球比赛直播机位设置中的 2 号机位是主机位全景机，是一个安全机位，负责呈现比赛中最重要的局部，要根据比赛状况，随时微调景别，这是足球直播镜头中最长时间使用的一个机位，拍摄方式是左右摇摆，跟人跟球拍摄。

1 号机位和 5 号机位位于两侧大禁区线垂直处的看台，当球在本方半场时可以用该半场镜头的画面，使直播表达更加饱满。

3 号机位主要拍摄球场中线位置，特别是中圈互相进攻与防守的镜头，一般使用中景拍摄中圈区域。

4 号机位是主机位特写机位，是用来描述局部细节的，对比赛做最主要补充的机位，当比赛出现犯规、受伤、换人等特殊情况时，将使用此机位，该机位主要负责抓拍场上人员

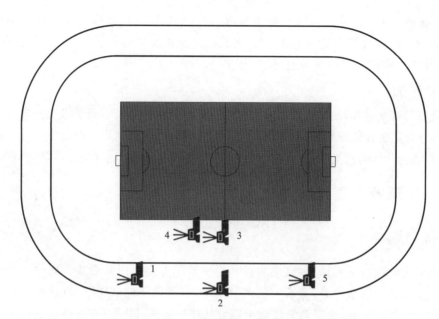

图 4-2　足球赛事直播机位图

的面部特写,同时也可以作为慢动作机位使用。

另外,随着技术的发展,越来越多的直播技术运用于比赛信号制作,在直播机位的设置上也越来越多。例如,飞猫,可以给观众一个"上帝"的视角,以便更好地观看和欣赏比赛。而球门后面的球网探头,能更加直观地表现足球进网的冲击感。另外还有虚拟镜头的使用,可以在比赛的任何时期插入虚拟的广告和字幕,达到包装比赛的效果。

(三) 字幕要求

1. 赛前字幕

上字幕的时候背景要求干净简洁,包括参赛球员(主力球员和替补球员)的名字、教练员的名字、领队的名字,还有参赛的对阵阵型。在出对阵阵型时,首先是先发的 11 个球员的名字,然后是每个球员踢球的位置,接着是教练员的名字,最后是裁判员的名字。

2. 赛中字幕

红黄牌字幕:一般放在屏幕下方,此时背景应该是犯规球员,情节严重时,可以给出被犯规方球员的状况。注意不能使用穿过整个屏幕的字幕。

换人字幕:换上球员的名字和被换下球员名字同时出现,换上球员的名字尽可能在换下球员名字的屏幕下端。同时也可以增加说明这是第几次换人。

进球字幕:进球瞬间是球员和球迷情感最高昂的时刻,所以这个时候字幕首先要给出球队的名字,得分球员的名字。可以用辅助字幕给出进球的时间和双方比分情况。如果再次出现得分的情况,则要给出最新进球球员的字幕。在比赛结束时,应该出现积分统计表或者对阵情况等。

伤停补时字幕:字幕出现在屏幕角落,一般情况是给倒计时字幕的时间显示旁边,用+号表示。补时背景可以用第四官员举牌来表示。

加时赛的字幕：首先要给出加时赛的时间，有些背景也可以用第四官员举牌来显示加了多少时间，让观众能够确切地了解比赛的进程。

点球决胜字幕：要先给出罚球球员的字幕，同时要给出两个球队的得分，这个时候一般用红白相间的圆点来表示。

3. 静止字幕

在足球比赛中有一些贯穿整场的字幕，比如，记分牌字幕、计时器字幕、主客场颜色等。这些字幕应该放在屏幕左右上角或者底部，一般从比赛开始后，会贯穿整场比赛，让观众可以直观地了解比赛内容、进程和进球比分。

4. 滚动字幕

在足球赛事直播的过程中，大多数字幕是静止的。但也会有动感的字幕，用来显示比赛的统计数据，有时候供应商、广告商的商标（logo）也会出现在字幕中。这些是非常重要，不可或缺的，而且供应商、广告商作为比赛投资赞助方，在字幕播出时间上也要保证万无一失。

（四）音频要求

电视直播信号合成视频与音频。视频向观众传递视觉信号，如球员的攻防、教练员、裁判员和观众的画面；而音频向观众或听众传递听觉信号，如解说员的评述、观众席的喝彩声、球员的喊声、裁判员的哨声、脚与球的撞击声等。足球赛事给观众带来具有冲击性的现场实时画面的同时，现场的声音进一步提升了赛事的现场感。因此，足球赛事的声音可以设置多方位的麦克风（见图4-3），收集更为丰富的现场声音，为观众或听众提供激情与美妙融为一体的听觉享受。

图4-3 足球比赛现场地麦

三、导播切换要求

（一）赛前

足球比赛赛前，球员们一般都会分批进行赛前热身。赛前镜头应用可以拍摄一些球员的近景特写,特别是一些关注度高的明星球员,这样可以更容易满足屏幕前观众的观看需求。

另外,在比赛开始前,赛事举办方会有一系列的活动或开幕式。此时,可以使用大场景镜头与特写镜头切换应用,还要适当加入观众席的镜头,近景抓拍观众的观赛情感变化。

1. 切换要点

(1) 给出球场大全景。

(2) 适当插入球员近景画面。

(3) 场边用游动机位给出通道口球员和官员等待的画面。

(4) 适当插入场内替补球员近景画面。

(5) 球员入场,球员正面可以使用高处机位出全景画面。

(6) 队伍出场时人们的反应镜头和近景,由球场地面的越轴机位和位于大禁区延长线上的机位给出。

(7) 唱国歌时,出球队的大全景、球员的全景和近景,或者集中画面交替使用。

(8) 位于中线附近的固定机位从第一个球员摇到最后一个球员,或者使用斯坦尼康摄像机移动拍摄球员的近景画面,在使用斯坦尼康摄像机时注意尽可能地不要出现在全景画面中。

2. 观众席反应

(1) 在比赛前观众的反应镜头由场地对面的越轴机位和大禁区延长线上的机位完成,通常是中近景画面。

(2) 比赛当中的观众反应镜头由越轴机位完成,通常是为渲染现场气氛时插入的画面。

3. 教练员和替补席反应

(1) 越轴机位拍摄。

(2) 位于场边的机位可以根据导播要求适时协助拍摄。

4. 球员的表现

(1) 使用场地高处机位,与主机位平行。

(2) 锁定某一位或者两位明星球员。

(3) 提供明星球员不同景别的画面以供导播选择。

(二) 赛中

比赛中的镜头可以分为两种,一种是球员的镜头,另一种是场外镜头。

在足球赛事直播中,球员是赛场上的主角,呈现画面应以球员为主体对象。除了正常比赛的大全景画面外,一些特别情况的出现,需要用镜头画面加以解释,具体见"特殊情况切换要求"的内容。有时也可以加入球队座席替补球员与教练员、场上裁判员和看台观众的画面,用于衬托整个比赛过程的气氛,使屏幕前观众有身临其境的感觉。

在死球状态下,镜头一般会交代死球的原因,如犯规、出界、换人等。这时镜头主要拍的是犯规、受伤、下场的球员,裁判员的手势等。在比赛中暂停并无内容可拍时,可以用场边的观众进行过渡,也可起到烘托气氛的作用。

比赛精彩程度与镜头切换是相辅相成的,比赛越是激烈,精彩的镜头越多,自然可以给出更多的细节镜头;镜头切换的次数越多,使比赛在荧幕上呈现的就更加丰富,显得比赛气氛激动人心,更增加了观众的观看体验。相反,如果一直是用全景镜头直播比赛,会显得比赛节奏非常缓慢,比赛场面变得沉闷。但比赛镜头转换并不是越多越好,而是在不影响比赛总体展现的情况下,多用镜头切换呈现更多的细节,不同的视角,才能让比赛直播效果最佳化。

(三) 赛后

(1) 比赛结束、观众反应:
① 字幕导播演比赛结束前准备好全景,因为要出字幕;
② 摄像机捕捉裁判员吹哨的一瞬间;
③ 最后回到大全景镜头;
④ 可以给一些胜利者或者失败者球队的镜头;
⑤ 条件允许就给球员一些近景镜头;
⑥ 画面最后要回到大全景镜头,以此表示比赛结束了。
(2) 胜负双方的反应,一般由越轴机位给出。
(3) 制作并播放回放视频(比赛精彩镜头集锦)。
(4) 调整机位准备领奖仪式(升旗、全队领奖、最佳球员领奖等)。
(5) 球员采访(场地、混合区、休息室等):
① 边线旁边的摄像机迅速找到比赛当中表现最好的球员;
② 采访时,应在官方的背景板前,最佳球员选拔或者颁奖也要在规定的背景板前。
(6) 主持人、评论席评论。

(四) 特殊情况切换要求

1. 犯规时

(1) 犯规球员的近景镜头。
(2) 两到三个机位给出防守方球员的近景镜头。
(3) 捕捉替补席上的反应镜头,可以出现在回放视频中。
(4) 回放视频时反向的越轴机位会很清楚地拍摄球员犯规过程。

2. 换人时

(1) 场地导播通知直播车,告知相关球员的数据。
(2) 摄像师和字幕操作员准备对接。
(3) 越轴机位给出第四官员举牌的中景镜头,此时镜头中还应包括换球员近景镜头。
(4) 被换下球员近景镜头。
(5) 全景镜头捕捉两位球员替换时的拍手或者拥抱,以及第四官员和手中的号码牌。
(6) 中景镜头捕捉换下球员和教练员的交流过程。

(7) 回到全景镜头,比赛继续进行。

3. 发生事故(赛场停电、场地倒塌、自然灾害等)时

(1) 如果是停电,不要慌乱。

(2) 各工作人员要坚守岗位,保护好设备。

(3) 总导播要启动紧急预案。

4. 给红黄牌时

(1) 被罚球员的中景镜头。

(2) 裁判员出牌的中近景镜头。

(3) 播出红牌或黄牌的字幕。

(4) 对于违反体育道德的犯规,必须给予回放视频,特别是出现红黄牌时。

5. 球员受伤时

(1) 受伤球员的近景镜头,不建议出现受伤球员痛苦的表情。

(2) 插入犯规的回放镜头。

(3) 替补席上球员或者主教练员的反应镜头。

(4) 小全景镜头捕捉球员及裁判员。

(5) 交替出现反应镜头以突出焦虑感。

6. 某一方得分或者进球(包括庆祝动作射门进球的回放视频)时

(1) 射门得分至少回放两次视频,而且要来自不同角度。

(2) 回放视频后,要出现得分球员的近景。

(3) 播出球员名字的字幕。

(4) 最后回到大全景镜头。

(5) 此时屏幕下方 1/3 处要给出比分字幕。

7. 加时赛处理

(1) 等待时间要给球员准备活动的镜头。

(2) 球迷反应镜头。

(3) 加时赛开始后的镜头顺序和比赛开始的时候相同。

(4) 加时赛的中场休息时给球员离场的镜头。

(5) 比赛双方在交换场地时交谈或者面部表情的特写。

8. 中场

(1) 半场前两分钟时要提前准备好拍摄裁判员镜头,以保证抓住"吹哨一瞬间"。

(2) 上半场表现出色的球员或者是进球得分球员的近景镜头。

(3) 最后以一个大全景镜头结束上半场比赛。

9. 球门球的处理

(1) 开球时是全景。

(2) 在球下落时可以给出互相争夺的动作。

(3) 最后切回全景画面。

10. 球门区的任意球处理

球门区前的任意球是一个特殊时刻,因为很可能出现进球,因此要多用如下近景镜头来营造故事性和戏剧性的气氛。

(1) 全景镜头(包住半场)。

(2) 守门员的近景镜头。

(3) 人墙镜头。

(4) 也可以用球门后机位将守门员和罚球员包含在画面内,场边的机位给出守门员近景镜头。

(5) 开球前给出罚球员的近景镜头。

11. 角球的处理

1) 角球

(1) 踢球人的近景镜头。

(2) 如果角球出现争议,则要事先回放刚刚发生的犯规情况。

(3) 守门员近景镜头。

(4) 给出全景镜头。

(5) 如果机位足够调度,可以再捕捉接头球的球员或者头球经常得分的球员的镜头。

(6) 最后回到大全景镜头。

2) 角球回放

(1) 回放的画面主要是来自球门后的机位。

(2) 位于体育场另一侧的越轴机位在这时可以提供一个不错的回放角度。

12. 点球的处理

方法类似于大禁区前的任意球。

(1) 给被犯规球员的近景镜头。

(2) 给犯规球员的近景镜头。

(3) 给替补席上的反应镜头。

(4) 两队球迷的反应镜头。

(5) 点球罚球之前,球门后的机位给出大全景镜头。

(6) 高处机位跟拍球员的走动镜头。

(7) 最后回到全景镜头,捕捉发点球前球员的镜头。

13. 点球决胜的处理

(1) 用全景镜头捕捉第一个罚点球球员穿过球场,走到罚球区的镜头。

(2) 捕捉进球球员特写镜头。

(3) 捕捉罚点球的球员特写镜头。

(4) 捕捉罚点球球员队友的镜头。

(5) 捕捉球迷镜头。

(6) 用全景摄像机捕捉点球镜头。

(7) 给出一到两个慢镜头重放。

另外,可以用球员的近景镜头,来表现他们的表情、激情,即用画面营造一种戏剧性的紧张气氛。

14. 界外球的处理

界外球发生的区域较大,在两条边线上都可以发生。

(1) 位于场地边线的摄像机可以拍摄近端界外球。

(2) 位于高处的摄像机可以拍摄远端界外球,一般来说,我们用2号机位完成这一过程。

15. 伤停补时的处理

(1) 可以播出字幕。

(2) 也可以播出第四官员举牌的镜头。

第二节 篮 球

一、篮球项目介绍

篮球(basketball)运动起源于美国,最初是开展于冬季和雨季的室内游戏。1891年12月21日,美国马萨诸塞州斯普林菲尔德基督教青年会训练学校(现为春田学院)体育教师詹姆斯·奈史密斯在体育馆内组织学生进行的游戏。他将竹篮固定在离地面高约3.05 m的墙上,然后将全班18个人分为2队。游戏时各队将球投入对方的竹篮内,进球多者为胜。因游戏使用的器材主要是竹篮和球,故将该球称为篮球[1]。

此后,篮球运动在世界范围得到快速发展,从美洲传到欧洲、亚洲、大洋洲。1895年,美国人鲍勃·盖利(Bob Gailey)将篮球运动带入中国。1896年天津基督教育青年会举行了中国第一次篮球游戏表演,之后该运动在天津、北京等城市青年会中开展起来。篮球自1951年起一直是亚运会的正式比赛项目。

1932年,国际业余篮球联合会成立,国际奥委会承认男子篮球比赛为奥运会正式比赛项目。1946年,美国出现职业篮球联赛,并发展为NBA。女子篮球运动到20世纪初才开展起来。1976年,女子篮球比赛被列为奥运会正式比赛项目。

(一) 比赛场地介绍

标准篮球场(见图4-4)为长方形,长度为28 m,宽度为15 m。场地的丈量从界线的内沿量起,而场内的各区、线、圈的丈量均从界线的外沿量起,场上各线线宽均为5 cm。地面应坚实平坦,至少在周围2 m以内无障碍物。球队席区域有2条2 m长的线,其颜色与边线和端线的颜色应有悬殊的差别。

---

[1] 资料来源:http://www.olympic.cn/sports/sort/summerolympic/2003/1113/24459.html。

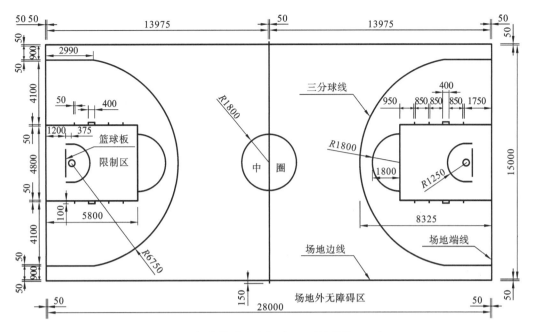

图 4-4 标准篮球比赛场地平面图(单位:mm)

(二)比赛规则介绍

(1)根据 FIBA 规则,一场篮球比赛由 4 节组成,每节 10 min。上下半场之间休息 15 min,节与节之间休息 2 min。如果在第四节比赛时间终了时比分相等,为打破平局,需要一个 5 min 的决胜期,或多个这样的 5 min 来继续比赛。

(2)交替拥有:是以掷球入界而不是以跳球来使球成活球的一种方法。在所有的跳球情况中,双方球队将交替拥有在最靠近发生跳球情况的地点掷球入界权。在第 1 节开始的跳球后未在场上获得控制球的球队应开始交替拥有。在任意节结束时对下一次交替拥有权的球队应在记录台对面中线的延长部分以掷球入界开始下一节。

(3)侵人犯规:侵人犯规是在球处于比赛状态,无论球是活球还是死球,球员通过伸展臂、肩、髋、膝或过分地将身体弯曲成不正常姿势以阻挡、阻挠、推人、撞人、绊人来阻碍对方行进,或使用粗野动作,则应判侵人犯规,此时给犯规球员记 1 次犯规。如果该球员犯规已达 5 次(包括技术犯规)必须自动退出比赛。

(4)违反体育道德的犯规:根据裁判员的判断,如果一名球员不是在规则的精神和意图的范围内直接抢球,发生的接触性犯规就是违反体育道德的犯规。当球员被登记 2 次违反体育道德的犯规时,其应被取消比赛资格。

(5)双方犯规:是两名不同球队的球员大约同时互相发生接触犯规的情况。

(6)技术犯规:任何故意的或一再的不合作,或不遵守本规则精神,被认为是 1 次技术犯规。技术犯规包括球员的技术犯规和教练员的技术犯规。

(7)全队 4 次犯规:比赛在一节中(在任意决胜期内发生的全队犯规应被认为是第四节的一部分),一个队的球员侵人犯规和技术犯规累计达 4 次后,所有随后发生的对未做投篮动作的球员的侵人犯规应被判 2 次罚球,代替掷球入界。控制球队的球员犯规时,只登记犯规,不执行罚球,而由对方在最近的边线外掷界外球。如果该球员是故意犯规或技术犯规,则进行相应的处罚。

二、篮球赛事直播技术

(一)直播要求

篮球比赛因为大体的规则和场地样式与足球比赛相似,所以在机位设置上与足球比赛有很多相同的地方。但是篮球比赛又具有自身的某些特性,如进攻转换较快,进攻回合时间短且攻守转换频繁,比赛场地小等,致使篮球比赛机位设置与足球比赛机位设置有所不同。

(二)机位要求

不同规格的篮球比赛在信号制作上机位数量有很大差距。最简单的篮球比赛直播只需要3~5个机位就能完整地表现出一场比赛。在中国篮球联赛中,各地信号制作商最少需要提供8个机位。而代表篮球最高水平的美国男子篮球联赛在赛事直播中,机位的数量一般维持在30个左右,最多时可以达到40个,包括两边篮球架附近的6个机位、底线和边线共14个机位、底线和边线观众席附近共12个机位,另外加上一个飞猫和一个远角镜头,并且这些镜头大多具有视频回放的功能。这样的机位配置既能够达到完美的拍摄效果,呈现比赛状况,又能通过视频回放保证比赛的公平性。

与足球相同,篮球比赛的拍摄也分为主机位和场地机位,职责分别是呈现比赛的大致走向和抓住比赛场上的细节。但需要注意的是,因为篮球比赛中的换人频繁,所以拍摄篮球比赛的主机位一般是设置在教练席和主席台对面,方便观众观看技术台和替补席上的情况。而且篮球比赛中的进球、犯规、暂停等死球状态非常之多,所以拍摄篮球比赛的特写机位必须快速地捕捉场上的细节,如跟紧进球球员的面部特写、犯规受伤时的局部细节等,在篮球比赛的拍摄中,这些因素使得对特写机位的要求非常高。

由于场地和经费等原因的限制,我们往往在拍摄和制作时达不到这么高的要求。下面我们来介绍在一般情况下,如何用有限的机位来拍摄一场篮球比赛。

我们以8个机位的配置来介绍一场篮球比赛拍摄的机位分布,如图4-5所示。

1号机位,位于与中圈线对齐的看台处,离跳球点17~20 m,摄像机的高度要与场地中央的地面保持16°~20°的夹角。拍摄的内容是半场的进攻,同时覆盖整个球场。该机位既要展现半场的攻防,也要把全部的比赛情况交代清楚,呈现出完整的战术,所以在景别和构图上的精准把握显得非常重要。1号机位是比赛拍摄中使用频率最高的一路信号,该机位的拍摄质量直接决定了整个比赛的直播质量。

2号机位,与1号机位并排放置,主要职责是抓住场上进球、犯规、换人时球员、裁判员和教练员的细节特写、面部表情。

3号机位,放置在球场中线地面处,与主机位同侧,主要负责以平视的视角反映比赛过程,球员持球推进及教练席的情况。

4号机位与5号机位分别放置在两篮球筐后侧,相互对应,主要的职责是拍摄球员进

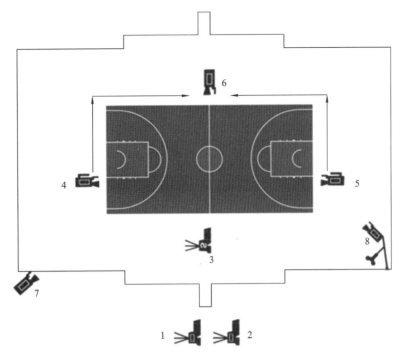

图 4-5 篮球比赛直播机位图

攻时上篮突破及结束动作,该机位应配备高速相机,来捕捉最为激烈的冲击动作。

6号机位,位于主席台附近中线处,在主机位对侧,主要职责是拍摄赛前双方的入场仪式,换人时球员下场,并且可以顾及主席台对侧的观众席。

7号机位,是摇臂机位,位于场地长轴后侧,主要拍摄同侧场地的罚球、进攻,给予一个与众不同的视角,同时也能拍摄广角的观众席位和球场的整体情况。

8号机位,超广角镜头,位于比赛场地一侧斜后方看台高处角落。镜头内容主要交代整个场地的情况,画面用来做比赛开始前、比赛暂停和比赛结束的字幕背景。

各个机位位置和职责如表4-1所示。

表 4-1 机位设置表

机位号	位置	职责
1	主席台对侧中线对齐看台处	跟随篮球拍摄半场画面
2	与1号机位并排	是特写机位
3	主席台对侧中线场边	拍摄球员运球推进及教练席
4	一侧篮球筐后侧	拍摄一方进攻上篮
5	另一侧篮球筐后侧	拍摄一方进攻上篮
6	主席台附近中线处	拍摄双方入场仪式及被换下球员
7	摇臂机位,场地长轴后侧	拍摄一方罚球以及进攻
8	场地一侧斜后方看台高处	拍摄整个球场画面,作为字幕背景

以上的8个机位设置是最基础的商业比赛直播要求,随着技术的进步,场边的机位布置也越来越多。

合理设置机位可以提升篮球赛事直播信号制作的质量。虽然机位分布没有固定的要求,必须根据场馆的现实条件因地制宜,合理调整,但整个摆位规律也是有迹可循的。我们既要遵循机位布置的客观规律,又要根据实际情况发挥主观能动性,才能制作出一场精彩的篮球直播盛宴。

(三)字幕要求

1. 赛前字幕

篮球比赛的字幕内容比较丰富,包括参赛球员的名字(包括主力球员和替补球员)、教练员的名字、队里官员的名字,还有参赛的对阵阵型。如果赛事中出现重要的嘉宾或者公众人物,可以着重给出字幕介绍。例如,2016年,在NBA传奇巨星科比的退役战上,出现了各个领域杰出的明星人物来观看比赛,要相应给出明星人物的名字和领域。在出现对阵阵型的时候,首先给出各队5名首发的每个球员的名字,然后是每个球员阵型所处的位置,接着是教练员的名字,最后是裁判员的名字。

2. 赛中字幕

比赛数据字幕:球员本场比赛表现,球员近阶段表现综合数据,给出得分、篮板、助攻、抢断、命中率、投篮次数等。另外,在高端篮球比赛中,如NBA,还会给出一些近期球员的高阶数据,来分析球员、球队的胜利贡献值、正负值等。篮球比赛的字幕一般要比足球比赛的小,由于篮球比赛的节奏较快,在场上发生的事件不可预测性强,所以在比赛过程中,通常给出较小的字幕,屏幕遮挡区域小,从而不影响球迷的观感。

3. 常驻字幕

在篮球比赛中也有一些贯穿整场的字幕,如记分牌字幕、计时器字幕、主客场颜色等。这些字幕应该放在屏幕左右上角或者底部,一般从比赛开始后,会贯穿整场比赛,让观众可以直观地了解比赛内容、进程和比分。

4. 滚动字幕

篮球比赛直播也会有动感的字幕用来显示比赛的统计数据,有时候供应商、广告商的商标(logo)也会出现在字幕中。这些是非常重要、不可或缺的,而且时间上也要保证万无一失,因为他们是比赛的投资赞助方。当然,近几年,随着3D技术的发展,大型比赛也会出现一些科技感十足的画面、广告和字幕,炫酷的形式更加吸引了人们的眼球。

三、导播切换要点

(一)赛前

在篮球比赛中,也会有一些赛前活动,在这些赛前活动中,多是需要与观众进行互动的。此环节要求导播用镜头讲述故事线,从而做到用镜头与观众交流。

一场比赛的开始,需要对这场比赛进行介绍。比赛的性质、内容、场地、对阵双方都需要清晰地介绍给屏幕前观众。首先,导播要将赛前字幕,主要是标题字幕切入画面,此时我们的背景需要的是大场面,可切入上述机位8镜头或者摇臂镜头。在球员开始热身的情况下,我们需要将镜头缓推到球场,此时可用中线附近的3号机位、6号机位来配合两个半场的4号机位、5号机位来回切换双方热身球员。同样,在球员热身时也需要大量的特写镜头来满足观众的观感需求。另外,如果有教练员在场边指导,也要在合适场景中给出教练员或者其他教练员团队的镜头。篮球比赛一大热门看点就是,双方球员的入场介绍,可通过以下机位镜头切换原则突出表现这一看点,从而达到烘托入场氛围、增加观众现场参与感等的效果。

烘托赛场气氛:7号机位捕捉观众远景镜头,2号机位捕捉观众近景镜头。

介绍客队上场:6号机位以高、低角度捕捉教练员和球员镜头,4号机位捕捉上场球员镜头,7号机位逐个捕捉球员表情镜头,6号机位或3号机位捕捉客队主教练员镜头。

介绍主队上场:7号机位和6号机位以高、低角度捕捉教练员和球员镜头,5号机位捕捉上场的球员镜头,2号机位逐个捕捉球员表情镜头,6号机位或3号机位捕捉主队主教练员镜头。

1号机位、3号机位、7号机位捕捉球员相互致意镜头。

介绍本场裁判员:6号机位捕捉三名裁判员中景镜头。

介绍客队首发:7号机位(画面左边是客队球员,画面右边是字幕)捕捉客队球员镜头。

介绍主队首发:7号机位(画面左边是主队球员,画面右边是字幕)捕捉主队球员镜头。

(二)赛中

(1)升旗仪式,显示国旗字幕。

(2)双方猜边。

(3)跳球:持球裁判员走到中圈跳球,2号机位捕捉裁判员和抛球镜头。

比赛开始:1号机位由大全景推到球场全景。

(4)记录比赛全过程。

(5)捕捉攻防、犯规等过程的动作分解和相关运动员近景镜头。

① 收视习惯:捕捉比赛全景、观众欢呼、得分球员、主教练员或队友反应的镜头。

② 镜头组合:得分后,1号机位缓推到篮球下,7号机位捕捉观众镜头,2号机位或4号机位或5号机位捕捉得分球员回跑镜头,近景推到头部;6号机位捕捉得分球员的主练或队友的反应镜头,尽量推成特写,最好是有动作、表情、手势等。

(6)捕捉明星运动员的表现镜头。

(7)捕捉教练员和替补席反应的镜头。

(8)捕捉观众、啦啦队、相关重要人物反应的镜头。

(9)捕捉慢动作及慢动作组合镜头。

(10)捕捉换人、上下场运动员交接的镜头,显示字幕和技术统计。

① 换人:6号机位密切注视两队主教练员动向,如镜头第一时间先给坐在替补席上的球员,哨响换人,6号机位捕捉下场球员镜头,3号机位捕捉上场球员镜头,2号机位捕捉下场球员与主教练员镜头;

② 4犯:字幕操作人员随时提醒导播球员犯规数,尤其是主力球员犯规情况,4次犯规时尽量显示犯规次数的字幕。

③ 5犯:一旦有球员5犯,4号机位或5号机位第一时间捕捉犯规球员镜头,3号机位或6号机位捕捉上场球员镜头,2号机位或3号机位捕捉被罚下球员到休息席的镜头,显示5犯罚出字幕。

(11) 暂停,运动员下场并进入替补席,内圈拍摄战术布置如下。

① 原则是哪队叫停就先捕捉哪队镜头。

② 6号机位捕捉叫停队主教练员镜头,7号机位或2号机位捕捉球员下场到休息席镜头,4号机位或5号机位捕捉自己一方球队下场球员中、近景镜头。

③ 这时出小比分和等时间字幕,准备播放高速慢动作。

(12) 节间休息:每节比赛结束,1号机位或7号机位捕捉双方球员下场镜头,显示节比分字幕(20 s),8号机位捕捉慢动作(30~40 s),8号机位显示节技术统计字幕(20 s)。

(13) 中场休息:送运动员下场回休息室,制作并播出回放集锦视频。

① 4号机位或5号机位,6号机位或7号机位交叉捕捉主力球员下场镜头,8号机位显示球场侧全景和半场比分字幕。

② 播放慢动作集锦,8号机位显示半场技术统计字幕。

(14) 比赛终场结束。

① 运动员、教练员、观众的反应性镜头,注意除运用1号主机位对必要的比赛结果进行交代外,要捕捉尽量多的正面近景镜头。

② 4号机位或5号机位捕捉起立镜头,2号机位捕捉双方主力球员近景或特写镜头,7号机位捕捉球员镜头,8号机位显示球场侧全景。

③ 播出全场比分字幕,慢动作集锦,下一场传输时间及对阵。

(15) 如有颁奖仪式,要迅速调整机位以进行颁奖信号的制作。

(三) 赛后

(1) 比赛结束哨声响起,拍摄运动员下场,教练员和替补运动员上场迎接的全过程。

(2) 双方运动员近景,低机位拍摄动作、表情和相互致意。

(3) 拍摄观众、啦啦队的表情反应和庆祝动作。

(4) 制作并播放配乐集锦、比赛精彩镜头集锦。

(5) 迅速调整机位,准备制作颁奖仪式(升旗、全队领奖、最佳运动员领奖等)的公用信号,镜头内容、景别、时长等均按导播脚本的规定动作完成。

(6) 采访运动员(混合区、休息室等)。

(7) 主持人、评论席进行评论。

(8) 按照国际公用信号要求,提供相应的比赛结果、统计、侧全镜头、下节传输等字幕。

(四) 特殊情况

(1) 犯规及犯规引起的判罚。

① 收视习惯是:比赛全景+被犯规球员+犯规慢动作回放+犯规球员+字幕(犯规

次数)＋主教练员。

②镜头组合 A(不罚球版)：1号机位全景交待犯规过程，2号机位给被犯规球员，慢1或慢2播放慢动作，4号机位或5号机位给犯规球员，犯规次数字幕，6号机位给犯规球员的主教练员。

③镜头组合 B(罚球版)：1号机位全景交待犯规过程，2号机位给被犯规球员，4号机位或5号机位给犯规球员，慢1或慢2播放慢动作，2号机位和4号机位(或5号机位)分别给被犯规和犯规球员。

(2) 罚球。

① 收视习惯：4次犯规后，要执行两次罚球，比赛才能继续进行。

② 第一次罚球镜头组合：4号机位(或5号机位)和2号机位给罚球球员近景，球员技术统计字幕，球出手后，切1号机位。

③ 两次罚球之间：6号机位一方教练员与球员进行交谈，2号机位给两名争抢篮板的球员。

④ 第二次罚球 A 版：2号机位给罚球球员特写，4号机位(或5号机位或7号机位)给罚球球员大全和抢球球员。

⑤ 上摇给整个罚球全过程，进或没进要推上去送球员，要有落幅。

⑥ 第二次罚球 C 版：4号机位(或5号机位)给罚球球员半身近景，3号机位给罚球中景，拍摄清楚是否进球，球进了，则把镜头给罚球球员大全，球没进，则把镜头给持球球员大全。

(3) 争球和违例。

① 争球：1号机位比赛过程给全景，出现争球，2号机位和3号机位分别给争球双方球员近景，7号机位保持小全。

② 24秒进攻违例：如一队在24秒进攻时间内没有实施一次投篮，将被判罚24秒进攻违例，1号机位给进攻全过程，6号机位给违例队主教练员近景，2号机位给违例队球员。

③ 走步违例：拍摄同②。

(4) 重大事故和比赛现场内的突发事件(如发赛场停电、场地倒塌、自然灾害等)。

(5) 违反体育道德(球员发生冲突、恶意伤人、不文明行为等)。

(6) 运动员受伤，摄像机注意捕捉运动员的受伤部位，并用解说对运动员受伤原因进行补充说明，以体现赛事直播的人文精神，但注意不要过度展示受伤部位、受伤球员的痛苦表情和反复播放慢动作回放，避免给观众带来不舒服的感觉。

第三节 排 球

一、排球项目介绍

排球(volleyball)，是大球类运动项目之一。排球运动源于美国，1895年，由美国马萨诸塞州霍利约克市的韦廉姆·G.摩根(William G. Morgan)发明,之后传入加拿大、古巴、巴西、中国等国家。1949年,首届世界男子排球锦标赛在捷克斯洛伐克的布拉格举办。1953年,中国排球协会在北京成立,并于1954年被国际排球联合会正式接纳为正式会员。1964年,排球成为奥运会的正式比赛项目[①]。

排球比赛是一项集体对阵比赛项目,场上共有12名球员,每队6名球员。

(一) 场地及用球要求

如图4-6所示,排球比赛场地[②]分为比赛场区和无障碍区。比赛场区为长18 m、宽9 m的长方形,其四周至少有3 m宽呈长方形对称的无障碍区,从地面量起至少有7 m的无障碍空间。国际比赛的场区边线外的场区至少有5 m,端线后至少有9 m,上空的无障碍空间至少有12.5 m。女子排球的网高为2.24 m,男子排球的网高为2.43 m。球网两端垂直于边线和中线的交界处各有宽为5 cm的标志带,在其外侧各连接一根长1.80 m的标志杆。

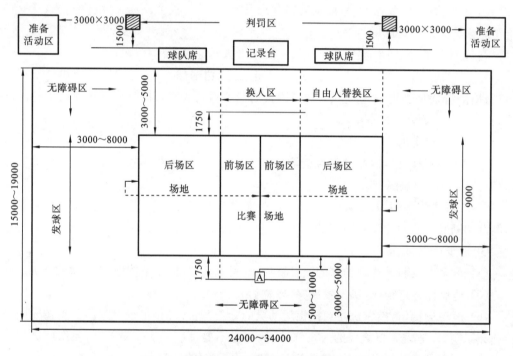

图4-6 标准排球比赛场地平面图(单位:mm)

比赛场区由中线的中心线分为长9 m、宽9 m的两个相等的场区。

1. 前场区

每个场区各划一条距离中线的中心线3 m的进攻线(其宽度包括在内),中线与进攻线之间为前场区。

---

① 资料来源:http://www.volleychina.org/hv/2014/1107/60.html。
② 资料来源:http://sports.cctv.com/class/20081110/106393.shtml。

2. 换人区

两条进攻线的延长线之间,记录台一侧边线外的范围为换人区。

3. 发球区

在排球比赛中,发球球员必须站在发球区内将球发往对方场地。根据国际排球联合会规定,排球发球区的宽度为 9 m,位置在端线后(不包括端线);深度延至无障碍区的终端。

4. 准备活动区

在两个无障碍区外的替补席远端,3 m×3 m 的区域为准备活动区。

排球的最大圆周长为 65~67 cm,质量为 260~280 g,气压为 0.40~0.45 kgf/cm^2(1 kPa=0.0102 kgf/cm^2)。

(二) 比赛规则

排球比赛采用 5 局 3 胜制,前 4 局比赛采用 25 分制,每个队只有赢得至少 25 分,并同时超过对方 2 分时,才胜 1 局。

决胜局的比赛采用 15 分制,一队先得 8 分后,两队交换场区,按原位置顺序继续比赛到结束,先获 15 分并领先对方 2 分为胜[①]。

二、排球直播要求

(一) 导播要求

排球比赛与足球、篮球这两种运动的不同在于争夺的重心不在两侧的球门或是篮筐,而是在中线的球网,并且回合开始时的发球不在中圈而是在球场两侧。可以说排球的规则更类似于网球或者羽毛球的规则,所以决定了排球比赛在直播时的机位布置虽然与足球、篮球这两种运动的机位布置差不多,但职责有很大的不同。

排球比赛交待整个走向的主机位依然放在中线处,但场地的其他机位使用频率明显高过网球和羽毛球这两种运动。特别是负责拍摄发球的机位有很多,切播的次数非常之多,这也是排球比赛现场直播信号制作的特点之一。

(二) 机位安排

排球比赛直播机位图如图 4-7 所示,其安排表如表 4-2 所示。

(三) 字幕要求

1. 字幕内容

排球比赛的字幕内容一般包括各球队首发球员姓名列表、个人字幕条(如裁判员信息、教练员信息、球员信息)、比分信息(球队 logo、队名、球权、总比分、场节比分)、换人信息等。

---

① 资料来源:http://sports.cctv.com/class/20081110/106393.shtml。

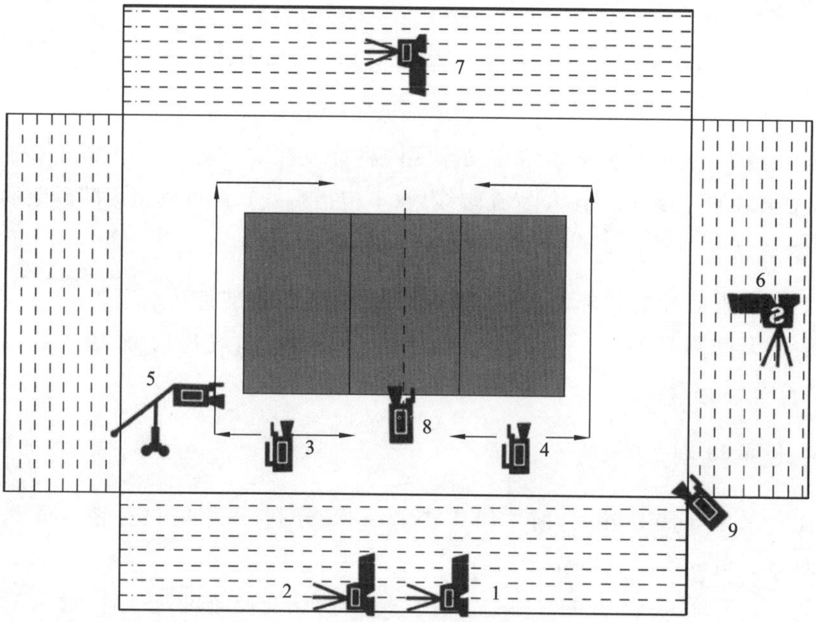

图 4-7　排球比赛直播机位图

表 4-2　排球比赛直播机位安排表

机位号	类型	位置	拍摄范围
1	大型座机摄像机	场馆中央面对赛场高位	重要的全景主摄
2	大型座机摄像机	与1号机位平行紧靠	严谨的跟球景别及选手特写
3	手持式摄像机	赛场边上1号机位左侧	选手及动作特写
4	手持式摄像机	赛场边上1号机位左侧	选手及动作特写
5	手持式摇臂摄像机	1号机位左边场地的一角	与主机位可替换切换的重要机位及拍摄球场的范围
6	超慢动作摄像机	场馆末端6 m高的台座上	底线球的重放
7	大型座机摄像机	5 m高的看台上的反视角机位	反视角回放重放
8	手持式无人操纵遥控摄像机	在球网顶端的迷你热点机位	沿着球网的回放
9	手持式无人操纵遥控摄像机	场馆一角	场馆内精彩画面

　　比分信息是比赛直播画面中最重要的信息,正规排球比赛的比分信息内容一般是从裁判台的记分器导入直播系统的字幕机。比分信息严格按照排球比赛记分规则显示。

　　目前的排球比赛采用5局3胜制。前4局每局25分,每局比赛完成后交换场地,达到24分时,必须比赛的双方相差2分才能分出胜负;最后一局为15分,比赛的双方任何一方先达到8分时,交换场地继续比赛,当双方出现14分平局时,比分将不受限制,必须相差2分才能决出胜负。

2. 字幕显示时间

（1）首发球员姓名列表：球队入场时显示。

（2）裁判员信息：赛前介绍裁判员时，结合裁判员镜头在屏幕下方显示。

（3）教练员信息：赛前结合教练员镜头在屏幕下方显示。

（4）球员信息：发球时，显示发球球员的信息。

（5）比分信息：比赛进行后，常驻屏幕。一般分为两行，分别在屏幕左上角显示两球队 logo、队名、球权、总比分、场节比分等。

（6）换人信息：当有球队换人时，在屏幕的下方显示换上和换下球员的信息。

（四）音频要求

以排球为例，在比赛打到关键处球员往往会相互呼喊进行配合，在扣杀时也会大声疾呼，增强力量。排球击球的瞬间和场上队员接球拦防瞬间，伴随的击打声音和起跳滚摔声音较大。近些年随着现场收声技术的发展，这些现场声音可较清晰地被收录，接发球叩击的声音与球员自我激烈和抒发情绪的吼声能够极大地振奋观众，球员高跳落地及滚摔声音又能激起观众紧张情绪，是画面的内容补充，这些声音的收录都会使镜头画面更具震撼。另外在比赛中得分一方常常会抱团庆祝，并伴随着集体的欢呼声。此时如果将镜头给予庆祝的场面，再加上场上庆祝的原声，会给观众带来一种身临其境的感觉，更加富有感染力。

三、导播切换要点

（一）赛前

赛前 15 min，切入场馆大场景镜头，显示比赛标题字幕板。赛前 10 min，显示本场对阵队名字幕板。赛前 5 min，切入球队入场镜头；切入奏唱国歌镜头；切入比赛场地大全景，分别显示各球队首发名单字幕；切入主教练员近景镜头，显示主教练员信息字幕。切入裁判员中近景镜头，显示裁判员信息字幕。

（二）赛中

1. 组合运动多机位，交待细节

在排球比赛直播中，除了用主机位画面呈现比赛过程之外，还可以通过多机位呈现比赛细节，让观众能够了解更全面的比赛细节。如球员发球时会通过手势部署攻防策略，这时可以通过底线机位和网前机位分别拍摄运动员的手势和运动员表情。

2. 适时的使用定格化特写，突出特征

在排球比赛直播中，可以通过慢动作回放或定格化静态画面来表现球员技术特征或球员之间的配合特点，进一步提高赛事的可观赏性。在近几年的一系列国际比赛中，开始集中出现高清、超高清特写定格镜头，对球员长击传球、跳跃拦球、扑救传球、三跳进攻等高难度竞技场面的拍摄与呈现，也变得更加精准、细腻，进而集中凸显了球员高超绝妙、灵活多变的竞技球艺。

3. 根据比赛节奏切换镜头

体育比赛有紧有缓,节奏在不停地变化。导播在切换镜头时也要紧随比赛的节奏,来控制自己镜头切换的频率及内容,做到收放自如。比如,在比赛中遇到一段长时间对攻,必然是一段全景长镜来回摆动。紧凑的攻防之后应适当地用镜头的转换使比赛节奏缓慢下来,此时可以使用特写机位拍摄球员或者现场观众的反应。虽然导播希望在体育赛事直播时可以让观众了解更多的比赛细节,但必须坚持的一个原则就是能够清楚交代一个赛事过程,而不是不断地切换镜头,而影响赛事过程的呈现。

(三)赛后

比赛结束,通常进入现场直播结束前 3 min 倒计时阶段,这段时间可以显示比赛结束字幕、精彩回放、版权信息等,结束前 15 s 可以显示更多比赛场次信息。

现场直播结束后,可以将镜头直接切入演播厅,切入体育解说员或评论员的画面信号;同时也可以切入赛后的采访信号。

第五章 小球运动赛事直播技术

小球运动是相对于足球、篮球、排球"三大球"运动项目而言的,传统观念中的"三小球"通常是指乒乓球、羽毛球和网球。

小球运动赛事直播在拍摄方式和机位安排上是共通的,一般情况下所有小球运动赛事直播均使用纵向视角拍摄方式进行机位安排,但也有一些特殊情况出现,如世界乒乓球职业大联盟(WTT)比赛使用了横向视角拍摄。

第一节 乒 乓 球

一、乒乓球项目介绍

由于乒乓球(table tennis)运动在我国普及水平比较高,得到了国人的普遍喜爱,因此在我国被称为"国球"。1988年,汉城第24届夏季奥林匹克运动会把乒乓球运动列为正式比赛项目。

乒乓球运动最早发源于英国。19世纪末,欧洲普通流行户外的网球运动,但由于受到户外各种因素的影响,英国一些大学生对网球做了一些尝试性改变,在教室里以桌子为球台,用书本把桌子对半拦开,以酒瓶软木塞作为"网球",用羊皮纸为拍,在桌子上打起了"桌上网球"。1890年,英格兰著名运动员詹姆斯·吉布(James Gibb)用从美国带回的空心赛璐珞球代替软木塞,赛璐珞球与羊皮纸的撞击产生了"ping pong"的声音,乒乓球的英文也称为ping-pong ball。1891年,英国人查里斯·巴克斯特(Charles Bakst)把ping-pong ball申请了商业专利许可证。1904年12月,乒乓球运动从日本传入中国。在乒乓球传入中国后,中国就赋予了"乒乓球"这个中文官方名称。1959年,我国运动员容国团在联邦德国多特蒙德举行的第二十五届世界乒乓球锦标赛上,夺得乒乓球男单冠军,为新中国夺得世界体育比赛中第一个世界冠军。

乒乓球比赛分为团体、单打、双打、混双等,每局分数为11分,赛制分别有3局2胜、5局3胜和7局4胜。

(一)乒乓球比赛场地

正式乒乓球比赛场地一般在室内,标准尺寸为长度16 m、宽度8 m,且地面至顶部高度不得低于4 m,可容纳4~8张乒乓球球台。比赛区域包括比赛球台旁的通道、电子显示器、运动员、教练员座席、竞赛官员区域(技术代表、裁判员、仲裁等)、摄影记者区域、电视摄像区域及颁奖区域等所需要的面积。

在乒乓球赛事直播中,为了保证画面影像清晰,要求场地灯光照明度为1500~2500勒克斯(Lux或lx),光源距离地面不得小于5 m,从场地上方照下来的角度须大于75°。

(二)乒乓球器材

1. 球台

如图5-1所示,乒乓球台高760 mm、长2740 mm、宽1525 mm,颜色一般为墨绿色或蓝色,一些大型乒乓球比赛的球台为黑灰色或其他颜色。

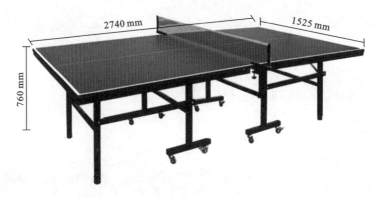

图5-1 乒乓球台

2. 球网

球网装置包括球网、悬网绳、网柱,以及将它们固定在球台上的夹钳部分。球网应悬挂在一根绳子上,绳子两端系在高15.25 cm的直立网柱上,网柱外缘与边线外缘的距离为15.25 cm。整个球网的顶端距离比赛台面15.25 cm。整个球网的底边应尽量贴近比赛台面,其两端应尽量贴近网柱。

3. 球

乒乓球呈白色或橙色,且无光泽,直径40 mm、质量2.7 g的硬球。从2014年7月1日开始,乒乓球国际比赛将启用全新的、以高分子聚合物为原料的新塑料球,用于替代沿用了123年的乒乓球制造原料——赛璐珞。

4. 球拍

球拍的大小、形状和重量不限,但底板应平整、坚硬。球拍两面不论是否有覆盖物,必须无光泽,且一面为鲜红色,另一面为黑色。

5. 电子记分牌

电子记分牌安放在乒乓球比赛场地两侧后面或四角,电子记分牌上显示运动员的姓名、所属国家或地区、时间、各局比分等,使观众在看台上可以清楚地看到显示屏上的信息[①]。

二、乒乓球直播要求

(一)摄像要求

1. 高速度、快节奏

乒乓球属于小球运动,有运动节奏快、球运转速度高的特点。在双方运动员近距离、高频率的交锋中,比分迅速地发生着变化。于是,速度也成为乒乓球比赛直播的关键元素,其直播信号制作也必须快速和紧凑。在机位安排上,要通过高低角度、不同类型摄像机的合理设置,才能让观众更好地欣赏比赛。同时,无论摄像师还是所有导播,以及其他技术人员都必须聚精会神,做到眼疾手快。

2. 突出个人、表现团队

在乒乓球比赛中,赛场上的选手人数较少,这一特点让比赛的转播显得更侧重选手个人的表现。比如,正因为人数不多,很容易实现设置专门的机位跟拍每个选手的表现。但场上的双方运动员又代表着各自的团队,所以在公用信号制作与突出参赛选手个人表现时,还要达到表现团队的效果。这可以借助于给教练员、队友及双方球迷的对比镜头等方式来实现。

3. 抓细节

因为乒乓球比赛上场人数少,且比赛节奏快,在赛事直播的过程中就必须迅速、准确和巧妙地抓住细节,从而让比赛更加饱满和生动。这些细节,除了运动员在运动技巧上的细微之处,还包括他们的情绪(如他们的表情、眼神、呐喊甚至跺脚等小动作)体现。

(二)机位要求[②]

图 5-2 所示的为乒乓球比赛直播机位图。

1 号机位为全景机位,负责拍摄比赛的内场,也就是运动员比赛活动的范围。架设高度约为 6 m,位于场地中轴线,画面顶部可以清晰地看到内外两层广告牌,底部超过主客队球员休息区人员的高度。

2 号机位、3 号机位为盯人机位,分别架设在内外广告板之间,机位稍高于球台,用于

---

① 中国乒乓球协会.乒乓球竞赛规则(2022)[M].北京:北京体育大学出版社,2022。
② 陈宏伟.浅谈乒乓球比赛直播方法[J].视听界(广播电视技术),2014(06):67-71。

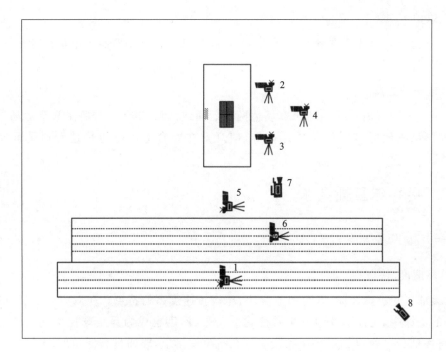

图 5-2 乒乓球比赛直播机位图

抓取双方运动员的发球动作、输赢球的表情,景别为中景、近景、特写。

4号机位为主客队反应镜头,架设在内外广告板之间,机位的高度与人站立视线齐平。拍摄主客队休息区教练员、运动员输赢球时的表情,暂停、局间休息时教练员与球员之间的交流。

5号机位为网前机位,架设于1号机位的正下方,位于球场中轴线位置,运动员休息区的后方,架设高度与球台齐平,拍摄镜头为球员发球特写、双方对阵特写,以及休息、暂停时给球网的特写,便于显示比分字幕。

6号机位为慢动作机位,位于1号机位的右侧下方,高度约为4 m,该机位为慢动作技术机位,拍摄整张球台,在播放慢动作时拍摄球的运动轨迹。

7号机位为手持无线机位,位于场馆内、准备区后,可拍摄现场观众、运动员进出场、团队及教练员的特写和颁奖活动。

8号机位为固定机位,拍摄整个体育馆的全景,位于1号机位的右侧后方。

(三)字幕要求

乒乓球赛事字幕(见图5-3至图5-5)内容包括比赛名称、场馆名称、球员姓名、裁判员姓名、球员的站位、赛中比分、赛后比分、技术指标等,可根据赛事直播信号制作需求增减字幕内容。

简洁性是乒乓球赛事字幕首要考虑的因素之一。因此,乒乓球赛事字幕要做到简洁清晰,以最快捷的方式把比赛信息呈现在屏幕上。

乒乓球赛事字幕的常驻字幕一般为比分字幕(见图5-6),内容包括球员所属国家或地区、球员姓名、胜局数、当局比分、发球权等。

图 5-3 球员姓名字幕

图 5-4 裁判员姓名字幕

图 5-5 球员的站位字幕

图 5-6 乒乓球比赛常驻比分字幕

（四）音频要求

乒乓球比赛现场直播的声音主要来源于主裁判员的声音、乒乓球撞击桌面的声音、球员的声音、教练席的声音、现场气氛声音和现场评述的声音。

1. 主裁判员的声音

主裁判员的声音是整场乒乓球比赛最为重要的声音。为了保证比赛现场的音响播报和现场直播字幕操作员能够清晰了解裁判员情况，一般使用两只麦克风，其中一只为随身领夹麦克风，另一只为固定在裁判席上的指向麦克风。

2. 乒乓球撞击桌面的声音

能够清晰地听到乒乓球撞击桌面的声音，这才是"乒乓"的魅力所在。一般设置 4 只麦克风来拾取乒乓球撞击桌面的声音，其中两只为固定在球网上的微型麦克风，另外两只固定在球台的下方。

3. 球员的声音

通常使用两只机头麦克风，对应盯人使用的 2 号机位、3 号机位，同时综合使用球台下方的麦克风，拾取运动员的球鞋与地胶摩擦的声音。

4. 教练席的声音

在两侧教练席上各设置一只麦克风，分别用来拾取运动员、教练员的讲解战术和助威的声音。

5. 现场气氛声音

为了增强现场比赛的气氛，可在各个观众区设置一只大振膜电容麦克风，拾取范围更广的现场观众声音。

6. 现场评述的声音

如果作为公共信号现场制作，可以省略现场评述的声音。如果是单场比赛直播，可以直接接入现场评述的声音。

三、导播切换要点

(一) 赛前

(1) 比赛开始前,8号机位给大全景画面,字幕显示对阵队名和运动员名单。

(2) 练球时间,2号机位、3号机位分别拍摄球员特写,并显示球员对应的名字字幕条。乒乓球赛前5 min导播脚本如表5-1所示。

表5-1 乒乓球赛前5 min导播脚本

倒计时	内容	设备
05:00—04:20	片头	播放器
04:20—04:00	比赛场馆大全景,比赛项目标题字幕	8号机位
04:00—03:30	看台观众镜头	7号机位
03:30—03:00	赛程对阵字幕(大全景)	1号机位
03:00—02:30	看台观众镜头	7号机位
02:30—02:00	本场比赛标题字幕(大全景)	1号机位
02:00—01:30	球员A字幕	2号机位
01:30—01:00	球员B字幕	3号机位
01:00—00:30	裁判员字幕	7号机位
00:30—00:00	比赛场馆大全景	8号机位

(二) 赛中

球员发球前,给发球球员或对方球员等球的近景或特写镜头;发球离手瞬间切回全景机位,球不结束,机位和景别就都不变;球结束后,立即切换至运动席上其他球员和教练员的反应镜头,也可以切换两名球员的得失分的表情镜头。

比赛暂停时,拍摄双方的座席位置,切换教练员指导球员战术的画面,特别是暂停方的镜头。暂停时也可以拍摄球网模糊画面,显示技术统计数据字幕。

(三) 赛后

比赛结束后,捕捉双方球员退场、握手,教练员及观众席观众反应。乒乓球赛后3 min导播脚本如表5-2所示。

表5-2 乒乓球赛后3 min导播脚本

计时	内容	设备
00:00—01:00	本场比赛结果字幕(大全景)	1号机位
01:00—01:30	比赛场馆大全景	8号机位
01:30—02:00	集锦、本场比赛的精彩回放	回放系统

续表

计时	内容	设备
02:00—02:30	比赛场馆大全景	8号机位
02:30—03:00	结束片尾	播放器

(四) 特殊情况

慢动作处理:每一局结束时最后一球及暂停前一球要给慢动作回放。擦网、擦边得分或失分的球要尽量做回放处理。

球员因需要(如更换比赛用具或出现受伤等意外)主动要求暂停时,紧跟当事球员,尽量使用特写镜头,捕捉球员面部表情、肢体动作。

四、乒乓球赛事直播技术的新变化

世界乒乓球职业大联盟(WTT)自 2020 年 WTT 澳门赛以来,对乒乓球运动做了一系列的创新,主要体现在比赛场地和直播视角上。

(一) 比赛场地的变化

1. 场地的主色调

WTT 对不同级别的赛事规定了比赛场地的主色调,有 6 个级别的 WTT 赛事分别对应不同的主色调,如表 5-3 所示。

表 5-3　WTT 系列赛事对应的主色调

序号	赛事名称	主色调
1	WTT男子世界杯总决赛	橙红色
2	WTT女子世界杯总决赛	黄色
3	WTT男子冠军赛	紫色
4	WTT女子冠军赛	紫色/粉红色
5	WTT球星挑战赛	深蓝色
6	WTT常规挑战赛	浅蓝色

以上主色调的颜色主要呈现在品牌标识、宣传广告、场地氛围灯光、球台边线和电视直播转播字幕上。

2. 场地与球台的颜色

为了营造更好的赛场氛围,减少空场的视觉影响,WTT 赛场上基本上已使用黑色的场地和黑色球台,赛场四周熄灯黑场,只有赛场区域有灯光。

电视直播转播字幕与球台颜色保持一致。

3. 场地的造型

场地的形状由原来的长方形转变为八边形,场地的空间有所增大,在氛围灯光的衬托下,可以增强运动员的兴奋度。

(二) 转播画面视角的变化

2020 年 WTT 澳门赛开始,乒乓球比赛的全新转播视角(见图 5-7)出现在电视屏幕上,主转播视角从原来的纵向视角向横向视角转变,这个横向视角也称为裁判员视角,也就是说该视角与场上的裁判员视角是一致的。

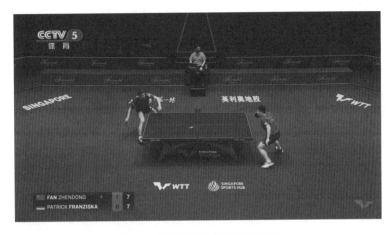

图 5-7　WTT 赛事转播画面视角

横向视角应用在乒乓球比赛上,既有人认为是好的变化,也有人认为其有不足。横向视角可以最为直观地欣赏和对比双方球员的竞技对抗,且能感受到相对真实的球速;但一方面横向视角对球的运行弧线、侧旋变化和落点变化体现不到位,另一个方面观众的眼睛容易疲劳,想要看比赛细节,眼睛就要随球的移动而移动。

第二节　羽　毛　球

一、羽毛球项目介绍

羽毛球是一项普及程度比较高的体育运动。依据参与的人数,可以分为单打与双打,以及新兴的 3 打 3。

羽毛球运动的起源有多种说法,羽毛球最初起源于日本,而这项运动在 18 世纪的印度盛行,当时称为 poona。1873 年,在英国格洛斯特郡的伯明顿(Badminton)镇有一位 Beaufort 公爵,在他举办的一次聚会上,驻扎在印度的退役军官在聚会上向宾客介绍了 poona 这个隔网用拍子打毽球的运动,宾客对这项运动产生了浓厚的兴趣,随后在英国主流社交场所上开始流行。"伯明顿"(badminton)就成了羽毛球的英文名字。可以说,现代羽毛球起源于印度,盛于英国。

1972年慕尼黑奥运会把羽毛球项目作为示范项目,1988年汉城奥运会把羽毛球项目作为表演项目,1992年巴塞罗那奥运会羽毛球项目成为正式比赛项目。

羽毛球场地(见图5-8)为长方形,长度为13.40 m,宽度为6.10 m,对角线长度为14.723 m,其中单打场地的长度不变,宽度为5.18 m,对角线长度为14.366 m。球场的界线宽度为4 cm,颜色一般为较容易辨别的白色或黄色。

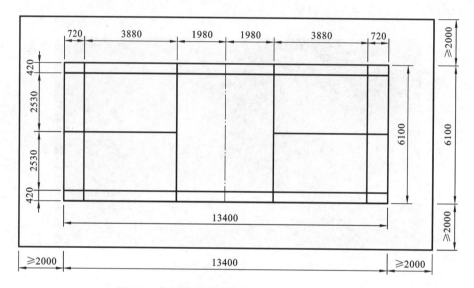

图5-8 标准羽毛球比赛场地平面图(单位:mm)

二、羽毛球直播信号制作要求

(一) 直播要求

在羽毛球运动比赛中,对场内环境要求比较严格,涉及如声音、灯光、色彩和空气等因素,这些因素都会对比赛过程或运动员产生干扰。所以,在羽毛球比赛过程中,要求环境要相对安静,场内观众不能随意走动或喝彩;场地周围环境一般比较暗,要求记者拍摄时不能够使用闪光灯,以免影响运动员的视觉。

羽毛球比赛的电视直播信号制作,从羽毛球运动本身的特点出发,直播工作(如设备安置、照明灯光等)在不影响比赛进程的前提下,最大限度向观众展现精彩的比赛。鉴于羽毛球运动的特点是"球与网"关系密切,电视直播主要着重体现比赛中球是否触网及运动员在网前的拼杀等细节画面。

参与羽毛球赛事信号制作的电视工作者应对比赛的基本规则熟记于心。对"发球过腰""发球过手"两种违例情况要尤为注意,在出现这两种情况时,镜头画面要对运动员的动作和裁判员的判罚员手势要有所表现。

（二）机位要求

羽毛球赛事直播机位安排表如表 5-4 所示。

表 5-4　羽毛球比赛直播机位安排表

机位号	摄像机类型	位置及功能
1	大型摄像机	高处,场地端部,大范围覆盖
2	EFP 级摄像机	左角附近,中等慢动作
3	大型摄像机	右边线,网边附近,分解动作
4	大型摄像机	左边线,网边附近,分解动作
5	便携摄像机	地板,在左边游动,分解动作
6	大型摄像机	地板,在左边游动,分解、回放
7	小型摄像机	球网正上方,分解
8	微型摄像机	球网上右边,网分解
9	小型摄像机	底线远端右方,底线分解
10	小型摄像机	底线远端右方,底线分解
11	小型摄像机	场地上方,赛场广角

1 号机位,位于羽毛球场馆高处,底线近端的观众席上,为固定机位;镜头画面的网上沿与球场的远端白线不重合。覆盖全部比赛场地,包括观众席,拍摄比赛全景、对阵过程。

2 号机位,位于场地左角附近,用于拍摄双方发球或慢动作分解。

3、4 号机位,分别位于左、右边线,用于捕捉运动员发球、对抗过程、分解动作、回放等。

5 号机位,为便携摄像机,有专业摄像人员肩扛并于场地中游走拍摄,主要拍摄教练员、球员及观众的状态特写。

6 号机位,位于场地边线、左边对角线,用于捕捉球员精彩击球瞬间,主要用作慢动作分解、制作。

7 号机位,为小型摄像机,位于球网正上方,用于拍摄、分解对阵画面的俯视图。

8 号机位,为微型摄像机,固定在球网上右侧,用于捕捉羽毛球触网瞬间,判断其是否过网。

9、10 号机位,分别位于 3 号机位、4 号机位的斜后方,据场地边线间隔 7～8 m。用于边线、底线分解,捕捉运动员边线扑球,便于判断羽毛球是否出界。

11 号机位,位于场地上方、球场对角线,观众席中后方角落,赛场广角摄影,拍摄场地全景画面,大景别。

（三）字幕要求

羽毛球赛事直播字幕安排表如表 5-5 所示。

表 5-5　羽毛球比赛直播字幕安排表

比赛时间	比赛内容	机位要求	备注
赛前 5 min	比赛大标版 场地名称介绍	场地大全景,11 号机位	持续时间 10 s
	当日赛程 本场对阵	场地全景,2 号机位	持续时间 10 s
	运动员、教练员、裁判员介绍	2、3、4、5、6 号机位	持续时间 8 s
	场地数据	7 号机位	与人员介绍穿插
	选手战绩	3、4 号机位	持续时间 20 s
	赛事进程	8 号机位	持续时间 20 s
比赛开始	出场选手介绍	2 号机位	持续时间 8 s
赛中	小分字幕	任意	除慢动作外持续显示
	局间比分	2、3、4 号机位	运动员休息 10 s
	局分	2 号机位	每局赛后休息 10 s
赛后	单场比赛总比分	2 号机位	每场比赛赛后休息 10 s
	每场比赛最终得分	11 号机位	每节比赛后休息 10 s
赛后 颁奖仪式	颁奖仪式字幕	11 号机位	仪式未开始之前持续显示
	奖牌榜		持续时间 10 s
	冠、亚、季军运动员介绍		冠、亚、季军各持续 8 s,共 24 s
	颁奖人字幕		持续时间 8 s

(四) 音频要求

羽毛球比赛直播的声音最好使用立体声呈现,协调定位场地麦克风、裁判员麦克风和解说员麦克风的声音声像,形成既有张力的声音又有比赛现场感的视听氛围。

声音比例是决定赛事音频缩混成败的最重要因素。我们先把声音分好层:第一层是评论员的解说,要保持绝对的清晰可闻;第二层是比赛场地运动效果声音,为了突出赛场的激烈和比赛的震撼力也需要对其清晰呈现,但不能压过评论员的声音;第三层是观众和环境的临场气氛声音,这种临场感是必须要有的,但要注意平衡,若声音太大,会让运动声音虚掉,也会影响评论员话语的可闻度;若声音太小,现场欢呼的效果和场馆空间感又展现不出来,所以要随时关注直播画面并认真了解比赛进程与规则,从而预见即将切换的画面,及时根据画面内容和声音效果调节各路推子[1]。

---

[1] 魏陆.浅述羽毛球比赛转播的音频信号制作方案——以 CCTV《谁是球王》安徽赛区总决赛为例[J].现代电视技术,2014(07):114-115,57.

三、导播切换要点

（一）赛前

羽毛球赛前 5 min 导播脚本如表 5-6 所示。

表 5-6 羽毛球赛前 5 min 导播脚本

计时	内容
05:00—04:20	片头
04:20—04:00	运动场全景画面、比赛名称字幕
04:00—03:30	全景画面、日程表
03:30—03:00	运动员热身
03:00—02:30	看台观众镜头
02:30—02:00	投掷硬币选场地
02:00—01:30	比赛介绍陈述
01:30—01:00	赛场全景
01:00—00:30	运动员特写
00:30—00:00	比赛开始

（二）赛中

（1）羽毛球比赛开始的入场仪式、升旗等画面，一般用 5 号游动摄像机进行拍摄；双方猜边、领导人开球及裁判员画面，一般选用 3 号机位或 4 号机位。

（2）比赛开始，比赛现场画面。对阵开始前用顶部广角摄像机拍摄画面，进而转到 1 号机位拍摄场地大全景，同时拍摄运动员练球画面。对阵开始后，一般切换至 1 号机位画面，直至球落得分。

（3）观众席反应主要用 5 号机位和 7 号机位进行展现。

（4）教练员和替补席反应分别用 3 号机位、4 号机位拍摄，在拍摄运动员的间隙进行展示，特别要捕捉运动员得分失分后教练员及观众的表情或动作的变化。

（5）明星运动员的表现分别用 3 号机位、4 号机位展示。

（三）赛后

羽毛球赛后 3 min 导播脚本如表 5-7 所示。

表 5-7 羽毛球赛后 3 min 导播脚本

计时	内容
00:00—01:00	本场比赛结果字幕（大全景）
01:00—01:30	比赛场馆大全景

计时	内容
01:30—02:00	集锦、本场比赛的精彩回放
02:00—02:30	比赛场馆大全景
02:30—03:00	结束片尾

注意:穿插比赛结束时、结束后胜负双方运动员、教练员及观众的反应,并及时调整机位为颁奖仪式做准备。

(四)特殊情况

1. 暂停

(1) 5号机位给球台上的暂停标志画面。
(2) 游动摄像机拍摄教练员与运动员交流的画面。
(3) 显示当前比分字幕。

2. 运动员受伤

挑选最能清楚表现运动员及受伤部位的机位,用解说来补充说明。

3. 争议(包括双方争议和与裁判员争议等)

(1) 3号摄像机、4号摄像机或游动摄像机抓拍双方运动员和裁判员的反应。
(2) 游动摄像机表现其他相关人员的反应。
(3) 事故(赛场停电、场地倒塌等)。

第三节 网 球

一、网球项目介绍

网球(tennis),是小球类运动项目之一。网球运动孕育在法国,诞生在英国,普及和形成的高潮在美国。其最早起源于12至13世纪的法国。1896年在雅典举行的第一届奥运会上,网球的男子单打与双打被列为正式比赛项目,后来,由于国际奥委会和国际网球联合会在"业余运动员"问题上有分歧,已经连续进行了七届的奥运会网球比赛项目被取消。直到1984年的洛杉矶奥运会上,网球才被列为奥运会比赛项目。1988年在汉城奥运会上,网球重新被列为正式比赛项目。

网球最高级的组织机构为国际网球联合会,于1913年在法国巴黎成立。中国最高级的组织机构为中国网球协会,于1953年在北京成立[1]。

---

[1] 林继富.中国民间游戏总汇(球类卷)[M].长沙:湖南文艺出版社,2016。

有效网球运动场地(见图5-9)是一个长方形,长为23.77 m,单打场地宽为8.23 m,双打场地宽为10.97 m。中间隔有网,比赛双方各占球场的一方,球员用网球拍击球[①]。

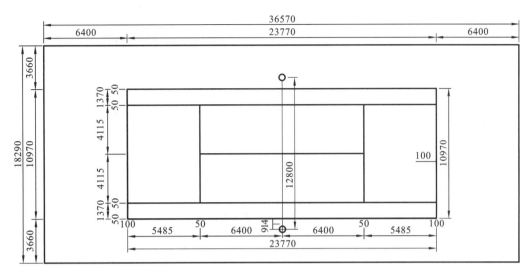

图5-9 标准网球比赛场地平面图(单位:mm)

网球比赛的用球一般为黄色,球体由橡胶化合物制成,外皮为毛质纤维且没有接缝线。

网球比赛的用拍对材质要求不高,既可以使用木质、铝合金或钢质的一般材质,也可以使用较为高级的碳纤维材料,如尼龙、碳素、人造丝等。

二、网球直播要求

(一) 直播信号制作要求

网球比赛现场的观众只能在一个角度观看比赛,而电视机前的观众则能从多个角度观看比赛,这是网球比赛电视直播的优势。为了让观众通过电视更为真切地感受比赛的现场气氛,充分展现比赛的过程和细节,使网球比赛在电视上看起来更具吸引力,网球赛事的电视直播必须做到客观准确、流畅,富于画面表现力和感染力。

这就要求电视信号制作不能拘泥于单一的画面表现形式,而是要有变化的。既要精确捕捉到网球高速运动的路线和落点,又要充分展现每一位参赛选手的个性特点、比赛中的技战术水平的发挥,清晰描述比赛的进程。

网球电视公用信号制作注重镜头的选取、切换与特技、音效、字幕的综合运用。电视信号制作不是一味地复制比赛,而是通过电视化的表现手段,赋予影像以叙事的逻辑和功能,将比赛的竞争性、悬念性、趣味性、观赏性淋漓地展现出来。要想成功直播一场高水平的网球赛事,直播工作人员必须具备一流的技术和先进的节目制作理念,对这项赛事直播的特性有全面的了解和掌握。

---

① 马驰,吴雅彬,徐小峰.体育与健康[M].上海:上海交通大学出版社,2018.

(二)机位要求

网球赛事直播机位安排表如表 5-8 所示。

表 5-8 网球赛事直播机位安排表

机位号	摄像机类型	位置及功能
1	大型摄像机	底线高处,广角拍摄、分解
2	大型摄像机	底线高处,主体摄影
3	小型摄像机	右对角线,分解动作
4	分离一体机摄像机	右对角线,分解动作、近景
5	坐地炮摄像机	左边线,分解动作、近景
6	坐地炮摄像机	左边线,分解动作、近景
7	大型摄像机	看台下部,反角度回放
8	便携摄像机	场地上方,分解动作、回放
9	EFP 摄像机	看台下部,反角度回放
10	大型摄像机	下部底线附近,反角度回放
11	EFP 摄像机	下部底线附近,反角度回放

1 号机位,位于场馆高处,底线近端的观众席上,正对中央发球线,为固定机位。覆盖全部比赛场地,包括观众席,拍摄比赛全景、对阵过程。

2 号机位,位于 1 号机位正下方,正对中央发球线,与场地齐平。

3、4 号机位,位于右对角线,一后一前,用于拍摄、分解动作近景,捕捉观众席、教练员。

5、6 号机位,为固定机位,位于场地左边线外侧,用于捕捉运动员精彩击球瞬间。

7、10 号机位,位于另一侧底线,为大型摄像机,用于反角度回放。

8 号机位,为便携摄像机,在场地内或者悬挂于天花板上,用于拍摄俯瞰图。

9 号机位,位于看台下部,紧靠围墙,用于捕捉近景,反角度回放。

11 号机位,位于正对底线,场馆一侧的中高处位置,右侧对角线附近,用于反角度回放。

(三)字幕要求

字幕显示分为以下四个阶段。

1. 比赛开始之前

显示比赛标题、名称、场地、天气情况。

2. 进入比赛

显示比赛的信息(场地、分组等)、分组晋级图示、当前比赛对阵(运动员信息、阶段)、单个运动员详细介绍(身高、体重、年龄、排名、战绩)、双方交战记录、最新的世界排名前十名、裁判员及教练员信息。

3. 开始比赛

显示运动员站位(名字、国籍)、每分比赛结束的比分字幕(名字缩写、国籍缩写、局比分、当前小分、发球权标记)、领先一方的点(局点、盘点、赛点)、Aces 球、双误、破发时的字幕,双方或单方的一发、Aces 球、双误、破发、上网等技术统计或比较的技术统计字幕、在发球运动员进入的发球制胜局的字幕(serving for set or match)、比赛的盘比分(比赛名称、对阵名字、国籍局比分、比赛用时、单局用时、发球权标志)、一盘结束、在盘比分后的双方的技术统计(名字、盘比分、盘用时、一发成功、二发成功率、一发得分率、Aces 球、双发失误、主动得分、非受迫性失误、破发成功机会和次数、上网得分等)。

4. 比赛结束

显示赛后晋级图表、其余比赛成绩、精彩画面、后续赛程安排。

(四)音频要求

1. 声音层次

网球比赛既可以在室内,也可以在室外,比赛直播的声音呈现比较丰富和立体,既有球场上的声音,如拍击网球的声音、网球落地的声音、运动员的声音等,又有观众喝彩声、教练员指挥战术的声音等。因此,直播过程中要求按层次进行声音拾取。

第一层为比赛场地范围的声音,如拍击网球的声音、网球落地的声音、球员的声音、教练员的叫喊声等。这个层次的声音可以增强比赛直播画面的真实感。

第二层为现场环境声音,如观众的喝彩助威声、观众拍打道具的声音等。这一层次的声音可以营造直播画面的现场感。

第三层为运动员休息时近距离所发出的声音,一般由可移动摄像机的机头麦克风拾取。

第四层为慢动作回放的声音。

2. 声音声像方案

网球比赛直播信号的声音拾取必须要遵循声音与画面同步,画面与实际声源同方位的原则,避免产生声音错觉。

(1) 网球与网拍或地面碰撞声、运动员球鞋与地面的摩擦声、运动员呐喊声被分配到从全左到全右,形成前方"移动的立体声"。

(2) 裁判员的声响被分配到偏左,与视频画面保持一致。

(3) 有部分网球声被分配到从左前到偏左前、从右前到偏右前。使得网球与地面碰撞的声音有远近之分,制作出虚幻的立体声像,形成前后的立体声。

(4) 前方观众喝彩声、环境声被分配到从左前到右前,形成前方立体气氛声。

(5) 后方观众喝彩声、环境声被分配到从左后到右后,形成后方立体气氛声[①]。

---

① 袁跃,施剑平.北京奥运会电视转播音频公共信号制作探讨[J].广播与电视技术,2008(10):64,66,68,70-71.

三、导播切换要点

（一）赛前（3 min）

(1) 片头动画（40 s）。

(2) 运动场全景附上比赛名称字幕（20 s）。

(3) 观众画面（30 s）。

(4) 全景附上比赛日程表（30 s）。

(5) 观众画面（30 s）。

(6) 观众席及赛场全景（30 s）。

（二）赛中

1. 比赛入场阶段

(1) A 方运动员入场。

(2) B 方运动员入场。

(3) 比赛对阵介绍（大全景＋字幕）、裁判员介绍（近景＋字幕）。

(4) 运动员挑边。

(5) 运动员练球。

(6) 介绍 A 方运动员（中近景＋字幕）。

(7) 介绍 B 方运动员（中近景＋字幕）。

(8) 介绍教练员（近景＋字幕）。

(9) 官员画面。

(10) 赛场全景，即将开赛。

2. 比赛正式开始

(1) 发球运动员，中近景、人全景。

(2) 接发球运动员，中近景、近景。

(3) 运动员发球，中近景、全景。

(4) 1 分比赛，场地全景，主机位拍摄。

(5) 死球时，赢球运动员或失球运动员，中景。

(6) 具体球路的慢动作回放（2～3 拍）。

(7) 鹰眼回放（需要时或运动员要求时）。

(8) 观众或教练员的反应镜头。

(9) 场地全景，主机位拍摄，准备进入下一回合。

3. 运动员反应

(1) 运动员准备发球或接球时的状态，以近景为主。

(2) 得分或失分后运动员的反应，近景、中近景、全景。

(3) 运动员休息时的动作、表情、活动，中近景。

4. 教练员和有关人员的反应(通常由游动摄像机或专门摄像机来表现)

(1) 教练员在本方运动员得分或失分时的反应。

(2) 运动员的亲属、亲密朋友的反应。

(3) 特殊身份人员的反应。

5. 观众席的反应(游动摄像机或其他摄像机拍摄)

(1) 观众的鼓掌镜头。

(2) 观众的趣味镜头。

(3) 特殊观众的镜头。

6. 一个发球局

4个或4个以上的一分比赛直到一方运动员获胜为止,一局结束。

7. 局间休息(90 s)

局数为奇数时,比赛结束后运动员短暂休息,此时的转播画面可为以下其中一种形式。

(1) 总导播以调度游动摄像机拍摄和分解镜头摄像机拍摄运动员的全景或近景为主。

(2) 运动员休息的中景画面(游动摄像机拍摄或分解镜头摄像机拍摄)、教练员画面或观众画面。

(3) 场地的全景画面,画面叠加盘比分字幕;稍长时间的盘间休息时。

(4) 一方面拍摄运动员休息,另一方面调动游动摄像机或其余的摄像机拍摄比赛现场的观众,抓拍具有画面表现力、个性趣味等特点的观众,以增加赛事直播的丰富性和现场感,比赛重新开始时,可以采用大全景镜头或主机位进入。

(三) 赛后(3 min)

赛后 3 min 导播脚本如表5-9所示。

表 5-9 网球赛后 3 min 导播脚本

计时	内容
00:00—01:00	本场比赛结果字幕(大全景)
01:00—01:30	比赛场馆大全景
01:30—02:00	集锦、本场比赛的精彩回放
02:00—02:30	比赛场馆大全景
02:30—03:00	结束片尾

(四) 特殊情况

1. 争议、暂停

(1) 重放比赛慢动作画面以使观众看清楚争议点。

(2) 继续转播现场运动员和裁判员的交涉画面。

(3) 运动员的反应画面,相关教练员或知名人士、官员的反应镜头,观众的反应镜头等。

(4) 利用鹰眼回放系统进行回顾或由解说员进行描述。

2. 运动员受伤

(1) 直播现场画面,运动员的反应,可提醒解说员进行现场解读。

(2) 若运动员受伤严重,治疗时为了尊重运动员和观众,可适当回避有些画面。及时回放,若运动员很痛苦,则尽量少回放受伤画面,体现直播的人文关怀。

3. 某一方得分,情绪激动,庆祝动作

(1) 及时调动机位进行抓拍。

(2) 即时回放精彩比赛的段落和已抓拍到的精彩镜头瞬间。

4. 违反体育道德(不文明行为)

情节严重者,既要通过画面进行直播,同时也要及时告知解说员进行解说,向电视观众解释现场发生的状况。

第六章 田径赛事直播技术

在田径赛事中,我们时常看到一个又一个精彩纷呈的画面,或为之惊叹不已,或为之黯然神伤。你知道吗?这些画面并非凭空而来,有的是摄像机抓拍得到的,有的是摄像机跟拍获得的,总之,每个画面背后都离不开直播技术的应用。

第一节 田径运动的发展与特点

田径运动,是一项古老的竞赛运动。要想对田径赛事进行现场直播,就需要对田径运动的发展和特点等进行了解。接下来,就让我们一起了解田径运动的发展和特点吧!

一、田径运动的发展

(一)世界田径运动的发展

田径运动是一项古老的竞赛项目,被誉为"运动之母",不仅是奥林匹克运动会的基石,同时体现着"更快、更高、更强"的奥林匹克精神,可以衡量一个国家或地区整体的运动水平。

1896年,第一届现代奥林匹克运动会的召开,标志着田径运动正式在世界范围内开始发展。直到今天,田径运动已经走过了一百多年的历程,其发展起起落落,历经过几个阶段,才形成如今的模式和项目。

1. 形成和发展阶段

19世纪末至20世纪初,田径运动初步形成,其水平较低,田径项目也相对较少,仅存在十几个基本项目。在这一时期,人们对田径运动的基础技术(跑、跳、投等)进行研究,并提出相对应的改进意见。其中,美国开展田径竞赛较早,在初始阶段占据绝对优势,随着田径运动在世界范围内的普及和发展,田径运动水平得到较大幅度提升。

2. 缓慢发展阶段

受到第一次世界大战的影响，1913—1920年，田径运动处于缓慢发展阶段，甚至第六届奥运会也尚未如期举行。在这一阶段，大多数国家的田径运动水平均有所削弱，呈现出显著下降的趋势。然而，芬兰却从中脱颖而出，其田径实力有所增强，尤其是在投掷和长跑方面，成为世界比赛中的强国。

3. 复苏和提高阶段

第一次世界大战结束后，田径运动迎来了蓬勃发展的时期。1921—1936年，世界田径运动开始复苏，各个国家开始重视田径运动的发展，田径运动有了明显的发展，主要体现在以下几个方面：一是参与人员明显增加，运动员的田径运动水平有所提升；二是女子田径运动开始获得发展，1922年，在巴黎首次举行了女子田径赛，女子田径运动员的数量不断增加；三是田径运动竞赛设备有所发展，出现了高速照相摄影装置、全自动电子计时设备、终点摄影技术等，为田径运动竞赛提供了科学设备，消除了人为因素影响；四是制定了一些田径运动竞赛规则，并编入国际田联手册，确保田径比赛的公平和公正。

4. 低谷发展阶段

受到第二次世界大战的影响，1937—1948年，世界田径运动受到严重影响，进入发展的低谷期，甚至接连两届奥运会（第十二届和第十三届奥运会）都未能举行。1948年，第十四届奥运会开始举行，纵观田径比赛成绩，整体上低于第十一届奥运会成绩，仅有美国、瑞士、荷兰等国家名次较好。然而，尽管田径运动陷入了低谷期，但仍旧取得了一定发展。例如，很多国家开始采用杠铃对运动员的肌肉力量进行训练，以提升运动员的竞技水平，并尝试应用多种措施促进田径运动广泛开展。

5. 创新发展阶段

从1952年至今，田径运动进入创新发展的阶段，各个国家的田径水平不断提升，发展迅速，主要体现在以下几个方面。

第一，各国运动员的田径水平得到明显提升，不断有运动员打破各项比赛的世界纪录，并出现了诸多创新田径运动的技术和方法，出版了某些田径运动的专著和教材等，田径运动得到了迅速发展。

第二，美国不再独霸世界田坛，各个国家的田径水平开始得到提升，呈现出全面提高的趋势，并逐渐与之势均力敌。在此期间，无论是训练方法、器材设备、运动技术等方面，田径运动发展均有所改善和提升。

综合来看，田径运动的发展虽然比较曲折，但整体呈现上升趋势，直至今日，田径运动比赛项目共有40多项，在各届奥运会中，成为各国争夺的主要项目。

（二）中国田径运动的发展

我国田径运动的发展较晚，在很长的一段时间内，处于停滞不前的状态。幸运的是，田径运动依旧有所发展，我国田径运动发展历程可以分为如图6-1所示的几个阶段。

随着田径运动在中国的不断发展，我国在技术、设备、人才、场地等方面得到显著提升，田径运动员的水平也在不断上升，并逐渐进入世界先进行列。

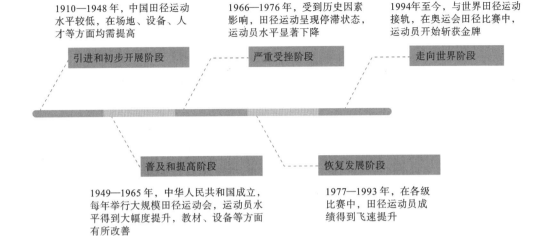

图 6-1 中国田径运动的发展

二、田径运动的特点

田径运动是竞技体育的首要选择,受到众多运动员的喜爱,其具有以下特点和优势。

(一)群众广泛

田径运动是参与人数最多的运动项目,同时是最普及的运动项目,具备广泛的群众基础,主要原因如下。一是具有较强的针对性,即个人可以根据计划或目的的不同,全面提升身体素质和健康水平。同时,个人可以根据自身的兴趣爱好选择不同的项目,具有较大的选择余地。二是和其他运动项目(如跳水、射击等)相比,田径运动受条件限制因素小,即活动场所和活动器材十分灵活。三是具有较强的参与性,即不同年龄和性别的人都可以选择适合自身的项目,且可以控制运动的强度和总量。

(二)竞争激烈

田径运动是一项竞技类项目,是运动员能力、技术及心理的较量,具有激烈的竞争性。

在田径运动中,运动员之间的比拼往往以微小的差距决定,需要运动员高度集中精力,并具备良好的心理素质,不畏惧对手,充分发挥自身的最高水平,因此田径运动竞赛往往是紧张且激烈的,激烈的竞争氛围会贯穿田径运动全过程。

(三)技术严格

不同于技巧性和对抗性项目,虽然田径项目的动作结构比较基础,易于掌握,但其技术要求十分严格,这主要体现在以下几个方面。

首先,运动成绩的提升需要依靠科学合理的技术,即可以最大限度地提高运动员潜力和能力,帮助运动员在体能、时间和肌肉用力方面高度统一。因此,需要运动员将个人特点和生物力学相结合,科学合理地改进田径运动技术,并形成自身技术的风格。

其次,田径运动技术需要在极短的时间内达到高度准确,且身体的动作、肌肉、关节、肌群等用力和放松的时间顺序需要达到和谐统一，这样才能构成严密的统一体。因此，运动员需要不断地训练和细化个人技术，使得技术达到自动化程度，进而提升自身的田径运动技术。

最后，在田径竞赛中，不同的气候条件有时会对运动员产生一定的影响，因此运动员需要根据环境条件等灵活调整自身的技术，确保自身可以发挥出最佳水平。

（四）多样能力

田径运动的基本动作形式比较简单，主要有以下几类：走、跑、跳、投等。同时，田径项目非常多，如仅是跳远这一大项之中就包含多项小项。这些项目在一定程度上反映了运动员的多项能力（如速度、耐力及力量等）。

综合来看，田径运动的每个项目都具有自身的特点和优势，通过参与这些田径项目，运动员可以全面提升自身的多项能力。

三、田径运动的分类

在重大的体育赛事中，田径比赛通常分为田赛和径赛。田赛一般为距离赛，以高度或远度计算成绩，包括跳高、撑竿跳高、跳远、三级跳远、铅球、铁饼、链球、标枪等项目；径赛一般为速度赛，以时间计算成绩，包括短跑、中距跑、长跑、跨栏、接力、障碍跑、竞走等项目。另外，有的田径赛事还设有全能比赛，分男子十项全能比赛和女子七项全能比赛。这些不同类型的比赛项目，都需要借助相关直播技术把赛事精彩过程呈现在观众面前。

第二节　田赛项目直播技术应用

每个比赛项目都需要独立的导播团队进行现场拍摄，且根据比赛项目特点和性质的不同，其直播用到的机位数量、拍摄辅助工具也有所不同，下面以跳高和跳远项目为例，对直播技术应用进行阐述和分析。

一、跳高项目

在田径项目中，需要保持比赛画面的连续性，切忌在比赛过程中插入其他画面，否则会让观众质疑比赛记录的真实性。为了更好地呈现连续的比赛画面、特殊的看点、精彩时刻等，就必须了解田径项目的特点和规律性，以及场地、比赛规则等，在合适的位置架设数量合适的摄像机。

（一）认识跳高

1. 跳高的概念

跳高又称为"急行跳高"，其基本动作由节奏性助跑、单脚起跳、越过横杆落地等组成，通常以越过横杆上缘的高度计算其项目成绩,是一项典型的田赛项目。

2. 跳高的比赛场地

跳高的比赛场地包括助跑道、起跳区和落地区三个部分,每个部分都有具体的要求和规定。

助跑道:长度不得短于 15 m,大型的跳高比赛助跑道不得短于 20 m,如果条件允许,不得短于 25 m。在助跑道和起跳区朝横杆中心的倾斜度禁止超过 1∶250。

起跳区:保持起跳区的平坦,如果使用活动垫道,应保持和地面齐平,避免凹凸不平。同时,跳高横杆立柱之间的距离应约为 4 m,在垂直面的地方上,向左右两侧朝外画一条长度约为 5 m、宽度为 5 cm 的延长线。

落地区:铺垫海绵包或沙坑(沙面应高于地面),以保障运动员的安全。落地区一般长度为 5 m、宽度为 3 m。在大型体育赛事中,其落地区长度为 6 m、宽度为 4 m、高度为 0.7 m。

需要注意的是,在助跑道上应放置助跑标志物,帮助运动员进行助跑和起跳。

3. 跳高的比赛规则

首先,裁判员通知运动员准备就绪,运动员开始试跳,但会规定试跳时限(一般不会超过 1 min),如果在得到试跳通知后,无故延误时限,则以失败论处,如果再次延误,则取消运动员的比赛资格,但之前的跳高成绩仍旧有效。

在任何高度上,只要运动员连续 3 次试跳失败,就会失去比赛资格,如果成功跳过(身体任何部位未触及横杆和立柱),则横杆会升高 2 cm,如果是撑竿跳高的横杆要提升 5 cm,直至比赛场中只剩下一名运动员,此时这名运动员即为跳高冠军,应征求该运动员的意见,确定横杆提升的幅度。

(二)跳高的直播要求

在跳高比赛中,决定运动员跳高成绩的主要有三个因素,即起跳速度、起跳高度、起跳重心高度,而前两者尤为重要。首先,在所有的跳跃项目中,起跳都十分关键,其决定着腾空的路径和跳跃的高度。简单来说,跳高可以分为如图 6-2 所示的三个阶段。

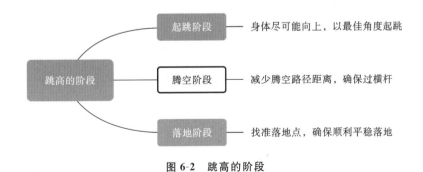

图 6-2 跳高的阶段

对观众而言,更想看到比赛的关键时刻。因此,在体育赛事直播中,只需要为观众呈现起跳、腾空及落地这三个阶段的画面即可。

（三）跳高项目机位设置

在拍摄跳高项目时，其机位设置很重要，如果不能进行科学合理规划，则可能会丢失重要镜头，不能为观众带来良好的观看体验。一般而言，其机位设置可以分为以下几个区域。

第一，正面架设两台摄像机，使其镜头正对运动员，以保证可以准确拍摄运动员的起跳阶段，即助跑到横杆前这一阶段。其机位设置如下：位于横杆前的两侧，使用交叉拍摄机位。之所以用两台摄像机进行拍摄，是因为在起跳阶段，运动员的动作十分迅速，两台摄像机同时交叉拍摄，则可以最大限度保证拍摄画面的良好性。

第二，在跳台的正后方架设一台摄像机，其主要用来拍摄运动员的正面大特写，使用长焦特写机位。

第三，在助跑跑道旁边设置一台摄像机，主要用来拍摄运动员完成跳跃动作后，离开运动场地的画面，往往用来抓拍运动员的脸部表情。

第四，在横杆旁边架设两台摄像机，主要用来拍摄运动员过杆时的画面，其机位设置一般是在横杆的一侧，同时应用两台摄像机拍摄，其拍摄画面可以相互补充，有利于导播使用。

第五，一般还会架设两台游动摄像机，主要用来抓拍运动员特写。每当介绍到相关运动员时，这两台游动摄像机就会提前到运动员身边，对运动员进行半身特写拍摄。

在整个拍摄过程中，每架摄像机都积极发挥自身的作用，不可或缺，其整体的机位设置如图 6-3 所示。

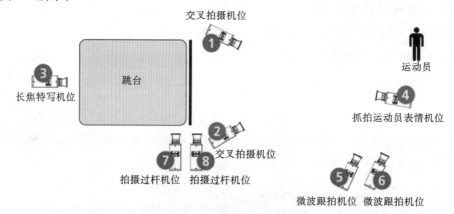

图 6-3　跳高项目机位设置

在跳高比赛项目中，共架设了 6 台摄像机，这些摄像机将通过光缆传输信号至现场转播车中，而另外 2 台游动摄像机则会通过微波将信号传输到现场转播车中。

二、跳远项目

（一）认识跳远

人类从远古时期就开始利用跳远来锻炼身体，在举办第一届奥运会时，跳远运动作为正式比赛项目，具有十分悠久的历史，但直至 1948 年，女子跳远运动才被列为奥运会比赛项目。

跳远的基本动作有助跑、起跳、腾空、落地等,以运动员跳的距离来决定名次。

1. 跳远比赛场地

跳远比赛场地包括助跑道、起跳区和落地区(沙坑)三个部分,其中助跑道的长度为 40~45 m,宽度约为 1.22 m,并利用宽度为 5 cm 的白线标出;跳远沙坑的宽度不得少于 2.75 m,长度为 6~9 m,其末端到起跳线的距离不得少于 10 m。一般将沙坑的位置置于田径跑道内突沿以内的扇形区或跑道外突沿外侧;在起跳区远端会设置犯规线,用来辨别运动员是否犯规,一般用黏土制作而成。

2. 跳远比赛规则

(1) 运动员的试跳顺序由比赛抽签决定。

(2) 如果参赛运动员超过 8 名,则每名运动员可试跳三次,前 8 名运动员再试跳三次,直至决出冠军;如果参赛运动员不足 8 名,则每名运动员可试跳六次。

(3) 每名运动员以最好的一次试跳成绩作为最后的决定成绩。

(4) 在对运动员成绩进行丈量时,需要从运动员着地的最近点至起跳线成直角丈量,其丈量单位为 cm,不足 1 cm 的不计入成绩。

(5) 在跳远过程中禁止任何空翻姿势;禁止身体触碰起跳线前面的地面;禁止在起跳线踏过或跑过;禁止起跳落地后向落地点后侧跳出沙坑。

(二)跳远的直播要求

在跳远比赛中,运动员起跳和落地及腾空时刻,可以体现出运动员拼搏的精神和顽强的意志,这些瞬间营造出紧张激烈的氛围,让人为之激动不已,暗暗为运动员加油,很容易抓住观众的注意力。

因此,摄像师在拍摄画面时,需要注意抓拍运动员助跑、起跳、腾空和落地的镜头,对这些重要时刻应保持持续的画面,这样才能更好地为观众呈现精彩的画面。

(三)跳远项目机位设置

和跳高类似,跳远需要为观众呈现运动员起跳前、起跳中和起跳后的过程和画面,其机位设置如下。

第一,架设两台摄像机用来拍摄运动员的助跑,其位置如下:一是在沙坑正后方架设一台摄像机,使其正对运动员;二是在跑道侧面架设一台摄像机。两台摄像机的交叉使用,可以确保拍摄到运动员的助跑过程和画面。

第二,在起跳点架设一台摄像机,其主要作用是拍摄运动员的起跳点特写,帮助裁判员判断运动员是否犯规。

第三,在沙坑侧面架设一台摄像机,其主要用来拍摄运动员落入沙坑的画面。

第四,不要忘记设置 2 台可移动摄像机,用来抓拍运动员的面部特写和离场时的画面。

与跳高相比,跳远架设的摄像机数量有所减少,其机位设置如图 6-4 所示。

无论是跳高项目还是跳远项目,均属于田赛范围,因此可以共用一辆转播车,其转播理念如下:以比赛现实为依据,以公平、真实为核心。在进行转播工作时,需要通过比赛画

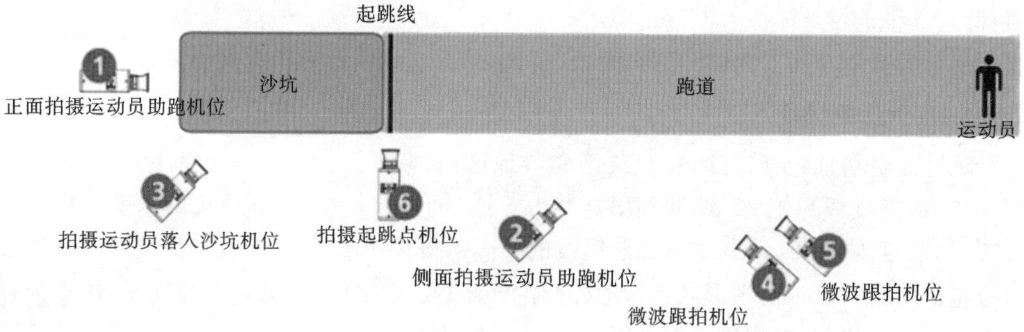

```
                                起跳线
        ┌─────────┬──────────────────────────────┐
   [1]  │   沙坑  │            跑道              │  [运动员]
        └─────────┴──────────────────────────────┘
正面拍摄运动员助跑机位

        [3]              [6]         [2]        [4]  [5]
   拍摄运动员落入沙坑机位   拍摄起跳点机位                  微波跟拍机位
                         侧面拍摄运动员助跑机位
                                      微波跟拍机位
```

图 6-4 跳远项目机位设置

面的呈现和观众缩短距离，使运动在刹那间占据观众意识，在吸引观众注意的同时，给予观众形象的体育美感。

第三节 径赛项目直播技术应用

径赛的项目有很多，诸如短跑、中长跑、长跑等，在对这些项目进行直播时，需要根据竞赛项目的特点、场所和方式等，对摄像机的机位设置进行调整，以更好地拍摄竞赛过程。

一、短跑项目

（一）认识短跑

1. 短跑比赛

短跑是典型的极限强度运动，运动员以无氧功能的方式跑完全程，通常以完成时间的长短对运动员成绩进行判断，其比赛项目有 60 m、100 m、200 m、400 m，跑步路程较短，需要运动员具备极大的爆发力。

短跑是田径运动中最基本、广泛、流行的项目，不仅反映出运动员的拼搏精神，同时给人一种勇往直前的精神引导，具有独特的价值和特点。

2. 比赛场地

对运动员来说，半圆式田径场可以最大限度地满足自身的跑步节奏，该场地被世界各国广泛应用，国际田联对田径场地有明确规定和要求：标准的田径场地是 400 m 的半圆式场地；场地周长为 400 m，分为 8 条跑道，跑道的宽度为 1.22～1.25 m，左右的倾斜度不能超过 1∶100，上下倾斜度不能超过 1∶1000。同时，所有分道线宽为 5 cm。因此，竞赛的主要场地是半圆式田径场，在架设摄像机机位时，可以根据场地进行架设。

3. 比赛规则

在短跑运动中，会根据运动员的年龄和性别的不同划分比赛级别，在国际田联比赛中,共有5个比赛级别。

如果参赛运动员数量很多,不能在同一赛次中同时进行比赛,则可以举行若干赛次的分组赛,然后按照比赛成绩进行排名。同时,400 m及400 m以下的赛跑项目,都必须使用起跑器(其他各项比赛禁止使用起跑器),听到鸣枪后才可以离开起跑器。

到达终点时,裁判员应以运动员躯干任何部位(不包括头、颈、手、脚等)接触到终点线进行判定。

(二) 短跑直播要求

影响运动员短跑成绩的因素有很多,最主要的有两个,即运动员完成动作的频率和保持最高跑速的能力。

根据短跑的技术动作进行划分,短跑可以分为起跑阶段、起跑后加速跑阶段、途中跑阶段及重点跑阶段。由于短跑的时间很快,因此,在进行体育赛事直播时,镜头需要全程跟踪,一般会为观众呈现整体画面。

需要注意的是,在进行直播镜头切换时不要对某个运动员有所偏爱,要平等对待全部运动员,可以根据短跑的四个不同的阶段有重点地拍摄运动员画面。

(三) 短跑的机位设置

第一,与整体跑道同轨迹,平行架设一台高速轨道摄像机,其作用如下:从起跑到比赛完成整个阶段,该摄像机需要对运动员进行跟拍,贯穿整个比赛过程。

第二,在跑道场馆上方架设一台飞猫(飞猫索道摄像系统,可在体育场、广场等任意移动、悬停飞行,是一种高科技拍摄手段),它和高速轨道摄像机相互协作、相辅相成,两者同时拍摄比赛画面,其画面往往互为补充。

第三,在起跑线之前架设一台摄像机,用于拍摄运动员起跑的瞬间,为了达到较好的拍摄效果,其拍摄角度可以适当放低。

第四,在跑道中间位置(看台中)处架设一台摄像机,用于侧面拍摄整个短跑过程。

第五,在终点线旁边架设一台高速拍摄摄像机,其作用是拍摄和分析运动员冲破终点线的画面,一般会采取慢镜头方式。

第六,在终点线后方架设两台摄像机,一台用来抓拍运动员在比赛过程中的面部特写,一台用来抓拍运动员完成比赛后的表情特写。

当然,在短跑比赛中,也可以设置五台游动摄像机,当记者介绍到相关运动员时,游动摄像机可以提前跟上运动员,并抓拍运动员的半身特写。总之,在短跑项目中,需要设置多台摄像机(包括游动摄像机),以确保获取每个参赛运动员的画面和镜头,其机位设置如图6-5所示。

二、中长跑项目

(一) 认识中长跑

中长跑竞赛是耐力型运动项目,主要分为中距离跑、长距离跑和超长距离跑。其中,

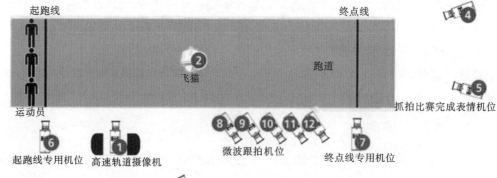

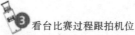

图 6-5 短跑项目机位设置

中距离跑有 800 m、1500 m、3000 m；长距离跑有 5000 m 和 10000 m；超长距离跑有全程马拉松、半程马拉松等。

中长跑作为竞赛项目已经有 100 多年的历史，是体育赛事中不可或缺的比赛项目。中长跑项目十分考验运动员的体力和耐力，具有小步幅、高频率的特点。从跑的全过程划分，中长跑可以分为起跑、起跑后的加速跑、途中跑和终点跑三个阶段。

中长跑的比赛场地和比赛规则同短跑相同，这里不再赘述。

（二）中长跑直播要求

对观众而言，运动员在弯道转弯和终点冲刺时最具观赏性，可以感受到运动员"更快、更高、更强"的奥林匹克精神，感受到运动员坚持不懈、努力拼搏的现场感，带给观众身临其境的感觉。因此，在拍摄中长跑项目时，需要对这些阶段和过程重点处理。

（三）中长跑机位设置

和短跑项目不同，中长跑项目需要架设更多的摄像机，如在每个弯道都需要摄像机对运动员进行拍摄，其机位设置如表 6-1 所示。

表 6-1 摄像机的机位设置

序号	类型	机位	拍摄范围
1	大型座机摄像机	在看台上正对着短距离跑的起点和终点线的高机位	起点和终点的拍摄及主要的拍摄机位
2	大型座机摄像机	在看台上与 1 号机位并排且紧靠着的高机位	特写镜头的拍摄
3	大型座机摄像机	对着最后一个弯道	最后一个弯道的正面特写拍摄
4	大型座机摄像机	终点直道的正面拍摄机位	最后一个弯道及冲刺的正面拍摄
5	大型座机摄像机	正对背面的直道	背面直道及第三个弯道的拍摄

续表

序号	类型	机位	拍摄范围
6	带底座无线发射摄像机	在内场地最后一个弯道处	常规拍摄运动员和比赛
7	带底座无线发射摄像机	在内场地第三个弯道处	常规拍摄运动员和比赛
8	超级慢动作摄像机	第一个弯道的顶端位置	特写重放的拍摄
9	手持式遥控摄像机	赛场内合适的高位	精彩画面
10	大型座机摄像机	在看台上正对着起点和终点线的1号机位下面的高机位	特写重放的拍摄
11	手持式遥控摄像机	第二个弯道处	拍摄第二个弯道的范围及重放

第七章
户外运动赛事直播技术

第一节 户外运动

户外运动,英语为 outdoor sports,是一些在室外进行的体育运动的统称,运动项目覆盖范围广,可以分为广义的户外运动和狭义的户外运动。广义的户外运动,是指在户外进行的一切体育运动,如马拉松、自行车等;狭义的户外运动是指为达到休闲目的而在户外进行的活动,如登山、钓鱼、徒步等活动。

一、户外运动的发展

户外运动的历史最早可以追溯到 16 世纪欧洲的户外旅游活动。最初是欧洲一些上层社会人士到各地旅游,开发了阿尔卑斯山旅游路线,为发展户外运动奠定了基础。到了 18 世纪中叶,在阿尔卑斯山沿线开展了探险与科考活动,并将登山运动称为"阿尔卑斯运动"。1857 年,世界最早的户外运动俱乐部在德国成立,以登山和徒步活动为主。在第二次世界大战期间,为了满足作战需要,军队专门训练士兵登山、攀岩和野营等野外作战能力。第二次世界大战后,随着社会稳定和国民经济的发展,户外运动逐渐成了人们休闲、娱乐的一种新兴的生活方式。

相比于西方国家,我国的户外运动发展较晚。1956 年,中华全国总工会登山队成立,这也是我国第一支国家级登山队;1958 年,国家体委登山处正式成立;1960 年 5 月 25 日,中国登山队的成员成功登上了珠穆朗玛峰,正式揭开了我国户外运动发展史。进入 20 世纪 90 年代末,户外运动在北京、广州、上海等地得到迅速发展,并在全国范围得到推广,主要是以登山、攀岩、野营和徒步为主。2005 年 4 月,山地户外运动被国家体育总局批准为我国正式开展的体育运动项目,标志着我国户外运动步入发展快车道。我国"十三五"期间,国务院办公厅、国家体育总局等部委相继出台了冰雪、马拉松、自行车、马术等户外运动产业发展政策文件。2022年10月25日,国家体育总局等八部门联合印发的《户外运动产业发展规划(2022—2025年)》[①],提出到2025年,我国户外运动场地设施持续增加,普及程度得到大幅提升,参与人数不断增长,户外运动产业总规模超过3万亿元。在国家利好政策推动下,我国户外运动产业将向高质量、可持续发展。

二、户外运动的特点

户外运动是体育运动与旅游的一种结合体,兼顾竞技与休闲,能够在身体得到锻炼和运动的同时,精神上得到满足。户外运动,成为人们喜爱的一种生活方式。户外运动成为人们的选择是与户外运动的特点密切相关的。

(一)环境的特定性

户外运动是在建筑物之外的环境下举行的,人们在自然环境下开展活动,与大自然亲密接触,享受着大自然的美景。

(二)身心的挑战性

户外运动一般属于极限或亚极限运动,需要参与者承受体能极限和心理极限的压力,克服和挑战每一个节点的困难。

(三)执行的团队性

在户外环境下开展活动,单纯依靠一个人的力量是有限的,需要依靠团队的力量,相互协作、包容理解,保证安全完成运动目标。

(四)知识的综合性

户外运动是一门综合性的学问,参与者既要有强壮的体魄,也要有地理、气象、生物、人文、医学等方面的知识,能够应对各种各样突发的问题。

(五)项目的专业性

户外运动并不是一项简单的体育运动,而是专业性非常强的体育运动,每一个细分项目都对装备、参与者身体素质和心理素质有各自专业性的要求。

(六)过程的体验性

户外运动的开展过程就是参与者的体验过程,体验大自然的力量与美、体验过程的苦与乐、体验人与人之间的合作与交流、体验生命存在的意义等。

---

① 资料来源:http://www.gov.cn/zhengce/zhengceku/2022-11/07/content_5725152.htm。

第二节 马拉松项目直播技术

一、马拉松项目介绍

马拉松(marathon)既是户外运动项目,也是田径项目中长跑的比赛项目。

马拉松项目起源于公元前490年的希波战争。当时,波斯军队入侵希腊,结果在雅典东北30 km的马拉松平原被雅典军队击败。为了将胜利的消息让雅典人民尽快知道,雅典军队派出一名叫斐迪庇第斯(Pheidippides)的士兵回去报信,他一口气跑了差不多40 km并完成了报信任务,最后气绝壮烈牺牲。为了纪念这名士兵的英雄事迹,1896年在雅典举行的第一届奥运会上,设立了以马拉松这个地名为名称的赛跑项目(见图7-1),并把这名士兵当时跑的39.994 km作为赛程。1908年,在伦敦举行的第四届奥运会上,为了方便英国王室成员观看比赛,赛程改为42.195 km。1921年,国际田联正式把马拉松赛程定为42.195 km,并从1924年巴黎奥运会沿用至今。

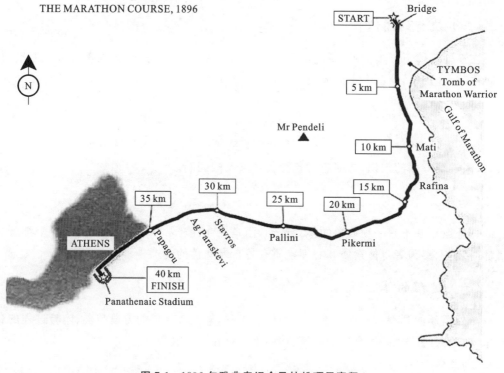

图7-1 1896年雅典奥运会马拉松项目赛程

1910年11月18日,中国历史上第一场现代意义的马拉松比赛在南京举行。中华人民共和国成立后,马拉松运动在中国得到蓬勃发展。1998年,马拉松运动向大众开放。2014年后,中国马拉松运动进入了快速发展的阶段。

为了让更多的人参与马拉松运动,马拉松比赛主办机构尝试把比赛形式进行了改革,设立了全程马拉松(full marathon,42.195 km)、半程马拉松(half marathon,21.0975 km)、四分之一马拉松(quarter marathon,10.548 km)、欢乐跑(6 km)等四个版本。除了全程马拉松,其他版本都不是世界田径锦标赛或奥运会的项目。一般来说,马拉松就是指全程马拉松。

二、马拉松直播技术要求

(一)直播要求

马拉松作为一项户外运动赛事,其直播要求和难度高于一些室内或封闭环境举行的赛事,主要体现在信号制作和信号传输上。

1. 信号制作方面

马拉松直播既要体现体育赛事的特点,又要兼顾区域人文展示。马拉松直播时间通常情况下长于比赛时间,在几个小时的持续直播过程中,吸引观众观看节目具有一定的挑战性。因此,马拉松直播信号制作不仅要呈现马拉松赛事的体育特性,平衡精英选手与普通跑者的镜头选用,更要分时分段呈现马拉松赛事举行区域的人文风情与历史故事。必要时,使用实时现场制作和非实时预录制方式进行信号制作。实时现场制作是运用赛事实时播放画面,而非实时预录制就是前期录制好每个赛事节点区域的文化与历史背景视频,在赛事实时进行过程中导入直播呈现过程。

2. 信号传输方面

马拉松赛事赛程距离长,直播过程需要呈现内容较多,传统体育赛事直播制作方式的难度大,最大的困难就是信号传输。如著名的广州马拉松赛事直播,借助"陆海空"拍摄,以马拉松为载体,讲述新广州的"城美人靓"和老广州的"英雄故事"。陆,就是马拉松的赛程沿线公路、街道等。使用了固定机位和移动机位进行拍摄。固定机位就是指在赛事起点和终点或固定赛事节点拍摄赛事进行过程,然后通过光纤传输信号至直播总控车;移动机位借助汽车、摩托车等可在陆地移动的交通工具上跟拍赛事进行过程,重点拍摄精英选手和特点突出的选手镜头,通过微波或移动通信网络传输信号至直播总控车。海,就是珠江水面,利用珠江上航行的船舶,通过微波或移动通信网络传输信号至直播总控车。空,就是赛事赛程经过的沿线空域,借助直升机和无人航拍器,从上空拍摄赛事的进行过程,通过微波或移动通信网络传输信号至直播总控车。直播总控车负责赛事信号制作与包装,然后通过光纤和电视卫星车把直播信号传输至广东广播电视台和中央广播电视总台机房,机房对信号审核通过后经指定频道播出;同时分发至各大互联网平台同步进行网络直播。

(二)机位要求

马拉松赛事直播的时间长,使用的设备多,参与直播的工作人员多,可见马拉松赛事直播任务是一项大工程。

广州马拉松赛事直播是以时空为依托,以"一江两岸、新老广州"为线索,以展示广州

"城市美、人和谐"为原则设置直播机位的。在起点和终点架设了 10 个机位(见图 7-2),负责拍摄选手在起点起跑、冠军选手冲刺和颁奖仪式等镜头。马拉松赛事直播的重点在起点和终点,如果起点和终点直播成功,则代表整个赛事的直播取得胜利。比赛过程使用了 2 台汽车、9 台摩托车,车载移动直播设备,动态拍摄选手的比赛过程;赛程沿线设置了 11 个固定机位点,分别拍摄沿线的风景和选手进行或折返的镜头。另外,分别设置了 1 个直升机和 1 艘游船的移动机位,直升机航拍赛事进行过程和沿途风景,在游船上拍摄赛道经过的珠江两岸风景。

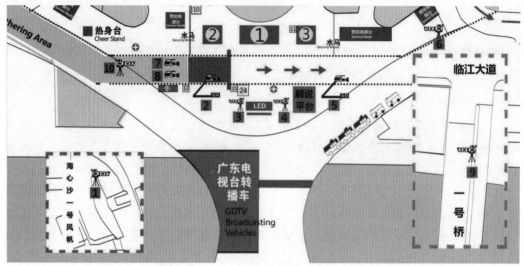

1——广角(平台:2.4 m×1.2 m×0.4 m,一号风帆二层平台北侧角落);
2——摇臂广角,出发在拱门西侧,冲刺移到拱门东侧(无平台);
3——40倍(平台:1.5 m×1.5 m×1 m,LED大屏西侧);
4——标头(平台:1.5 m×1.5 m×1 m,LED大屏东侧);
5——摇臂广角,解说平台右侧(无平台);
6——60倍(平台:2.4 m×2.4 m×3 m,花城广场东侧人行道上,与主席台同边);
7、8——微波广角(无平台);
9——40倍(平台:2.4 m×2.4 m×1 m,一号桥跨道上,距离临江大道第十个桥柱);
10——60倍(移动平台:2.4 m×1.8 m×1 m,出发后将平台移到终点正中央位置);

图 7-2 2016 年广州马拉松起始点机位分布图

1. 航拍

航拍画面以俯视角度呈现,拍摄的视野宽、范围广。举办马拉松赛事的一般为大中型城市,这些城市都有着独特的城市风景和天际线,利用航拍可以把更多的、更漂亮的、更独特的城市风光展示给观众。随着无人机技术的不断成熟,航拍在马拉松赛事直播中得到普遍应用。

2. 摇臂广角机位

马拉松的比赛起点和终点一般设置在城市中心或标志性地标附近。运用摇臂广角镜头拍摄起点和终点的场景,可以构建壮观画面并产生强烈的视觉冲击。摇臂广角机位与其他机位在赛事起点和终点相互配合,多方位、多景别、立体展示马拉松赛事的魅力。

3. 机动车机位

机动车机位包括汽车机位和摩托车机位,最大的特点就是灵活方便。机动车可以穿梭在赛道的安全路段,架设在机动车上的拍摄设备可以进行领跑正面拍摄、选手之间拍摄、随后拍摄等,既可以移动拍摄,也可以定点拍摄,减轻了固定拍摄节点的压力,丰富了比赛细节的画面内容。

4. 广角与长焦镜头

马拉松比赛除了观看精彩的比赛之外,比赛所在城市的美景也是吸引观众的一大亮点。例如,广州马拉松比赛的起点和终点设在花城广场,花城广场风景秀丽,是广州最著名的地标之一。为了让花城广场、珠江、广州塔的风景完美地呈现给观众,广州马拉松赛事直播时,在花城广场附近的海心沙一号风帆上架设了广角的单机点,在临江大道一号桥上架设了大倍数长焦镜头机位,这些机位将花城广场附近的美景悉数呈现。

(三) 字幕要求

马拉松赛事字幕有四类,分别是基本信息、选手信息、实时数据、广告信息。

(1) 基本信息,包括赛事名称、主持人或评述员等人名、天气信息等。

(2) 选手信息,显示著名选手的基本情况和历史成绩等,也可以运用 AI 人脸识别技术,显示普通选手的基本信息,争取更多的关注度。

(3) 实时数据,显示赛事进行时间、精英选手所跑的里程数、前八名选手成绩表,也可以通过 AI 人脸识别技术,显示普通选手的实时参赛数据。

(4) 广告信息,可以使用跑马灯或角标方式呈现,显示赛事 logo 名称、赞助商信息等。

(四) 音频要求

马拉松赛事直播的音频主要来自演播室的解说声音、固定点的声音、移动机位的声音和采访声音。

1. 演播室的解说声音

演播室的解说声音一般是在电视台播出前合成的,如果是公共信号就没有演播室的解说声音。演播室内有主持人和嘉宾,担任赛事的解说任务。

2. 固定点的声音

固定点包括赛事的起点、终点和折返点。起点的声音是重中之重,包括开幕式主持人、主席台领导、发令枪的声音。起点和终点通常使用 EFP 制作,除了现场收拾声音外,还接入现场舞台音响调音台的声音。折返点的声音一般为固定点机位机头麦克风收拾。

3. 移动机位的声音

移动机位的声音一般来自移动机位的机头麦克风收拾到的声音。

4. 采访声音

采访声音与采访画面同步,在赛事过程中插入播出,通常由单兵单机位收取。

马拉松赛事直播的声音来源比较丰富,各通道声音是否使用、音量大小由转播车的音频组根据画面需要进行确定。

三、导播切换要点

(一) 画面切换要灵活多样

由于马拉松赛事的时间长、跨度大、形式多,如果画面长时间处于跑者跑步的过程,将显得枯燥无味,影响观众的观看选择和容易使观众产生视觉疲劳。为了延续观众持续观看需求,马拉松赛事的画面切换要灵活。第一,根据赛程进行情况,中间可插入现场采访画面;第二,头部选手到达重要景点,可插入景点背景介绍视频短片;第三,兼顾不同形式级别赛事直播,可轮流切换全程马拉松、半程马拉松或四分之一马拉松等赛事直播画面;第四,多样化切换画面,可切入航拍、船拍、摇臂等画面。

(二)画面选择力求稳定

马拉松赛事直播拍摄以固定机位和移动机位为主。固定机位拍摄的画面相对比较稳定,但画面范围有限;移动机位拍摄的画面范围广,但最大的缺点就是画面抖动明显。为了保持直播画面效果,建议在机动车的摄像器材上安装稳定器,减少由于跑道问题造成的画面抖动问题。

(三)专业与观众需求相结合

画面的切换既要从专业角度出发,画面要体现马拉松赛事的特点与规则,又要从观众需求的角度入手,以新颖的镜头视角,通过跟拍、仰拍、俯拍或环线等手法,使用大景别、中景别、特写等构图,让观众得到身临其境的观赛体验。

(四)特殊情况

1. 赛事与城市人文相呼应

马拉松赛事作为一个城市的宣传名片,赛事直播要与城市景观、人文宣传联系起来,让观众观看和参与赛事的同时,又能对举办城市有一个全新的理解,增强举办城市的知名度。

2. 采访画面处理

一般情况下,马拉松赛事的采访画面为单机采访,经编辑审核后播放插入直播画面。审核后播出的目的就是要保证播出的安全性,防止采访对象出现不良的言论。另外,马拉松赛事的赛程比较长,采访视频经编辑审核后再播出,时间上完全足够,观众并不会感觉到有延时问题。

第三节 自行车项目直播技术

一、自行车项目介绍[1]

自行车项目(cycling)起源于欧洲。1868 年 5 月 31 日,在法国的圣克劳德公园举行了

---

[1] 资料来源:http://www.olympic.cn/sports/sort/summerolympic/2003/1113/24468.html。

自行车比赛,这是有记载的最早的自行车比赛。1893年,举行了首届世界业余自行车锦标赛。1895年,举行了首届世界职业自行车锦标赛。奥运会自行车比赛分场地赛、公路赛和越野赛等三大类。

(一) 场地赛

场地赛一般在室内赛车场进行。赛车场为椭圆盆形,跑道周长分为400 m、250 m 和 333.33 m,其中333.33 m 为国际标准场地。跑道宽为5~9 m,弯道坡度为25°~45°。比赛项目有追逐赛、计时赛、计分赛、争先赛。

(二) 公路赛

公路赛通常在有各种地形变化的公路上举行。奥运会设有公路个人赛和公路团体赛。

(1) 公路个人赛选择环行或往返路线,路面要有起伏和斜坡,起点、终点应尽可能设在同一地点。男子赛程为170~200 km,女子赛程为60~84 km。比赛时所有运动员位于起点线上并集体出发,以运动员到达终点的顺序排列名次。

(2) 公路团体赛选择比较平坦的路面,途中应设转折点,起点、终点应在同一地点。每队4人,在起点线排成横排出发。队与队之间的出发间隔为2~3 min。每队必须有3名运动员到达终点,并以第三名运动员到达终点的成绩判定名次。如成绩相等,则以该队第一名到达终点的成绩判定名次。

(三) 越野赛

自行车越野赛始于法国。20世纪50年代,一些自行车运动员厌倦了在现代化公路上枯燥的训练和比赛,他们到丘陵地带寻找新的环境、新的挑战,于是一种全新的运动方式就产生了。1990年,国际自行车联盟承认了这项运动,并于1991年首次举行了世界杯赛。越野赛应选择崎岖不平、有天然障碍的路面,必要时设置人工障碍。男子赛程为40~50 km,女子赛程为30~40 km。比赛时各队从左至右排成一路纵队并集体出发,以到达终点的时间判定名次。男、女个人越野赛均于1996年被列为奥运会比赛项目。

二、自行车直播技术要求

(一) 直播要求

(1) 直播团队要同心协力,保证把整个赛事进行过程完美呈现给观众,特别是赛程最后的几公里至比赛结果公布。

(2) 直播团队要做好各种预案,保证在各种突发情况下能够正常完成直播任务。

(3) 赛前要反复进行赛程实地测试,制定周密的直播计划;赛中要保证信号传播稳定不中断,画面与声音同步。

(二) 机位要求

自行车比赛最高时速可以达到70公里,有的项目中时有凌空飞跃,需要投入一定的技术力量才能满足对快速变化场景的制作。自行车比赛本身是一种竞速运动,但项目具体的内容不同,比赛场地分散,不同于一般的竞速比赛,需要因地制宜,依据不同比赛制定相应技术方案①。

不论是哪一种自行车赛事项目,可灵活使用以下几种机位方案。

1. 固定机位

在固定地点设置的摄像机机位。通常情况下,在起点和终点设置多个固定机位,使用镜头切换的方式完成直播信号制作;在路线上设置多个单兵固定机位,通过微波或移动通信网络把音视频信号传输到总转播车。

2. 跟拍移动机位

跟拍移动机位以摩托车为主,以汽车为辅,其中摩托车移动机位由两名工作人员完成,一名为摄像师,一名为摩托车驾驶员。跟拍主要在自行车群的前面反拍运动员正面和后面跟拍运动员侧面或背面,在自行车群速度允许的情况下可以进行前后两个方向的拍摄。

3. 航拍机位

航拍可使用直升机或无人机,可拍摄赛程中的景观和自行车群前进的俯视镜头,一般使用远景方式拍摄。

4. 骑手机位

在技术允许的情况下,在自行车骑手的自行车上加装微型摄像机,通过无线传输的方式完成信号传输。骑手机位可以近距离看到骑手前进的画面。

(三)字幕要求

自行车赛事直播的字幕与马拉松赛事有很多相似之处,其分为静态字幕与动态字幕。

1. 静态字幕

静态字幕包括天气信息、赛事名称、精英选手姓名(根据号码牌显示字幕)、路线中有关景点的名称、终点冲刺前三名成绩单、直播结束的前十名成绩单等。

2. 动态字幕

动态字幕根据骑手的位置决定其内容,一般有赛程地图呈现的骑手所在位置的动态字幕和画面呈现的骑手所用时间与排名位置。

(四)音频要求

在自行车赛事直播中,声音环境比较复杂,有跟拍机动车的引擎声、空中航拍飞机的声音、车迷的呐喊声、骑手发出的声音和保障机动车的引擎声等。复杂的声音需要应用声学技术来处理,可以使用AFV跟随画面声音,也可以使用转播车上的调音设备,来平衡降噪处理,输出更有层次感的声场,为观众呈现具有环绕立体声效果的自行车赛事。

---

① 夏雨.自行车项目电视公共信号制作方案[J].视听界(广播电视技术),2005(06):25-28。

三、导播切换要点

（一）赛前

（1）播放提前录制的赛事背景视频。

（2）播放赛事背景视频时可与现场画面进行交互。

（二）赛中

（1）起点处多机位拍摄，根据画面需要进行镜头切换。

（2）分别以正面镜头、侧面镜头、航拍镜头，描述起点出发画面。

（3）由于自行车速度快，比赛时间紧凑，直播过程中一般不插入景点或人文历史介绍视频，可使用航拍方式拍摄经过景点画面，显示景点名称字幕。

（4）使用摩托车移动机位跟拍第一集团自行车群，切入骑手画面时，显示骑手信息字幕。

（5）在折返点或转弯处切入骑手画面和现场观众画面。

（6）第一集团自行车群经过最后一圈赛程时，拍摄应用摇铃画面，显示前三名骑手名单和计时字幕。

（7）终点处有多机位拍摄，拍摄第一集团自行车群冲刺镜头。

（8）回放冲刺画面慢动作，导入计时器冲刺定帧画面。

（9）回放结束后，跟拍冲刺自行车群，显示前三名骑手名单和最终计时结果字幕。

（三）赛后

（1）比赛结束后，拍摄现场观众画面。

（2）拍摄骑手特别是获得名次骑手的画面。

（3）回放赛程中的精彩镜头集锦。

（4）调整机位返回颁奖仪式现场。

（5）直播结束前，切入大场景画面，显示前十名成绩单字幕。

第八章 水类赛事直播技术

水类运动又称为水上运动，通常是指在水中开展的体育运动，如游泳、跳水、水球、花样游泳、赛艇、皮划艇、帆板、冲浪、划水、蹼泳、摩托艇等。在大型运动会中，比较常见的水类运动项目主要有游泳、跳水等。

第一节 水类运动项目发展与特点

水类运动，从字面上很容易理解，是指各种与水相关的体育运动的统称。本节主要介绍水类运动项目的发展和特点，只有了解水类运动项目的特点和规律，才能更好地进行水类赛事直播。

一、水类运动项目发展

水类运动项目的发展可以追溯到1896年在雅典召开的首届夏季奥林匹克运动会，当时设立了真正"自由式"的、不分泳姿的三个游泳比赛项目，分别是100 m、500 m、1200 m游泳比赛。在随后的几届奥运会中，水类运动项目的比赛环境并不理想，特别是比赛场地。如1896年雅典奥运会的游泳比赛在希腊皮莱乌斯附近的齐亚湾海域进行，1900年巴黎奥运会的游泳比赛在塞纳河中开展，1904年圣路易斯奥运会的水上运动项目在美国圣路易斯的小湖中比赛。

随着时间的流逝，人们逐渐意识到，必须执行统一的游泳竞赛规则。1908年，国际游泳联合会正式成立，其目标就是要规范并统一游泳、跳水和水球比赛的规则；指导奥运会游泳、跳水和水球比赛；对世界纪录进行审核、确认和更新工作。至此，奥运会中的水类运动项目有了明确的比赛规则和固定的比赛场所，并迎来了蓬勃发展的时期。同时，随着各种高科技设备、训练方法的出现，水类运动项目迅速扩展，延伸出船类竞技项目、水上竞技项目、潜水运动项目及划水运动项目等四项，每种类别均有不少小项，如图8-1所示。

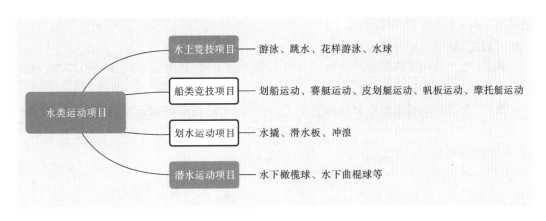

图 8-1 水类运动项目

直到今天,水类运动项目丰富多彩,类别多样,仅游泳这一类项目,就高达 34 项小项(男女各 17 项),成为奥运会中仅次于田径运动的金牌数量最多的项目。

二、水类运动项目的特点

水类运动项目是一项竞技体育项目,具备悠久的历史,群众基础广泛,深受人们的喜爱,该项目具有以下特点。

(一)健身性

和田径运动不同,水类运动并不能随时随地开展,有一定的场所限制。但这并不影响人们对水类运动的喜爱和青睐,其具有良好的健身效果,可以提升身体素质。

首先,由于水的压力、阻力和浮力的作用,人体的各个器官都可以得到锻炼,尤其是心肺。通过水类运动,可以增大呼吸肌力量,扩大胸部活动的幅度,进而增加肺活量,增加人体摄氧能力,提升人体呼吸系统的技能。

其次,通过游泳、划水运动项目等水类运动项目可以提高人体的肌肉力量、速度和耐力,增强自身核心力量,进一步提升身体素质,更好地适应生活中的各种活动。

最后,通过水类运动可以增加身体灵活性,促进身体协调发展。对大多数水类运动员来说,需要双臂和双腿的紧密配合,才能游得更快、跳得更加完美。因此,水类运动可以促进身体协调发展。

(二)健美性

健美性是水类运动典型的特征之一,运动员在水中进行运动,通过水的按摩,可以使得身姿轻盈,身形体态更加完美。经常参与水类运动的人,其四肢比较纤细。

在相同大气压条件下,水的密度远远比空气中的密度大得多,因此水的阻力要比空气的阻力大得多,这意味着在水中前进需要耗费更大的力量,可以有效消耗身体的脂肪,从而获得较好的身形,使得体型匀称,肌肉富有弹性。

(三)技巧性

水类运动对技巧和技术的要求十分严格,具有一定的艺术性和技巧性。如跳水、花样游泳等项目,在入水的一瞬间,运动员需要做到动作的规范并在空中不断变化动作,做到"难、准、稳",这非常讲究技巧性。

首先,水类运动要求运动员不仅需要具备很大的力量,还需要有高度的准确性,对运动员的协调性具有极高的要求。

其次,水类运动对动作或姿势的要求十分严格,运动员必须调动全部的精力,专注于该项运动,要求动作十分准确,否则会影响运动员的成绩。这要求运动员调动全身的肌肉群,在短时间内做到动作准确,具有一定的难度。

第二节 速度赛项目直播技术应用

水类运动中的速度赛项目有很多,最主要的项目就是游泳项目。

一、认识速度赛项目

在希腊雅典举行的首届奥运会中,男子游泳项目便被列为九个比赛项目之一,直至1912年在瑞典斯德哥尔摩举行的第五届奥运会,女子游泳项目才被列为比赛项目。无论男子游泳还是女子游泳项目,均属于速度赛项目,通过运动员游泳速度的快慢来决出胜负。

游泳比赛的关键在于泳姿,如果泳姿不同,其比赛的运动特点和规律自然有所不同,泳姿可以分为仰泳、蛙泳、蝶泳及自由泳等四类,如图 8-2 所示。

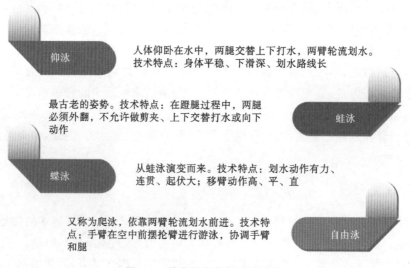

图 8-2 游泳的姿势和技术特点

二、速度赛的直播要求

在进行游泳比赛时,不同赛道的运动员会拼尽全力进行游泳,在到达终点线时会迅速返回,其间会用到很多技巧动作,每次折返也是激动人心的时刻。因此,在对游泳比赛进行转播时,需要关注每个赛道运动员的技巧和动作,在终点时刻进行慢动作回放。

游泳赛事作为群体比赛,每个运动员都应该给到相关镜头,不能"厚此薄彼",而要进行群画像,然后再呈现运动员个人。但是,什么时候呈现整体画面,什么时候呈现运动员个人画面,则需要现场导播进行灵活且专业的处理。

三、速度赛的直播机位设置

在游泳比赛直播中,需要使用的摄像机类型比较丰富,有大型摄像机、微型智能摄像机、便携式摄像机、微型垂直跟踪摄像机、防水吊杆摄像机、微型智能水平跟踪摄像机及水下摄像机,以便更好地拍摄运动员的入水画面。

在进行游泳比赛直播时,需要根据场地状况、比赛方式等对摄像机的数量和布局等进行合理安排,参考奥运会标准,对游泳比赛的机位设置进行研究,其机位设置如表 8-1 所示。

表 8-1 游泳比赛摄像机机位设置

序号	摄像机类型	机位	拍摄范围
1	大型座机摄像机	看台高 1 m 处,俯视泳池的起点与终点	主机位,提供清晰和实际的、形象生动的画面
2	超慢动作摄像机	1 号摄像机下方	比赛中特写镜头摄像机,用作比赛起始、结束和整个比赛本身的超级慢动作回放覆盖
3	手持式轨道系统或者 lipstick 摄像机	沿着泳池跟踪拍摄	比赛中主要跟踪拍摄
4	大型座机摄像机	座席上方,可以毫无阻碍地看到整个泳池、俯瞰转身处	主要拍摄转身、比赛中的特写及 50 m 比赛起跳
6	带稳定系统的射频摄像机	在泳池边任意位置	介绍队员、冠军和从泳池出来的运动员
7	手持式射频摄像机	在泳池边任意位置及比赛起点处	介绍运动员、冠军和从泳池出来的运动员
8	水下跟踪莫比摄像机	在第 3 或第 6 泳道下的黑线上(竞争重点为第 4 及第 5 泳道的比赛画面)	对运动员进行水下拍摄
9	手持杆式摄像机	泳池周围	各类杆式摄像机,拍摄运动员、比赛及颁奖仪式
10	空中摄像机	比赛场馆上方有线相机	在头顶上空覆盖整个比赛
11	潜水摄像机	泳池侧面附近水下/离起点区 15 m	水下覆盖比赛画面
12	手持式遥控-翻转摄像机	泳池的右角附近	运动员转身及仰泳的出发
13	手持式不可调-倒转镜像机	泳池的左角附近	运动员转身及仰泳的出发

序号	摄像机类型	机位	拍摄范围
14	手持式遥控摄像机	出发区第4泳道下方	仰泳出发及转身
15	手持式遥控摄像机	出发区第5泳道下方	仰泳起跳
16	高速摄像机	按照说明或指令拍摄	蒙太奇画面合成
17	手持式摄像机	场馆一角的高位/跳水池端头的线里	固定的拍摄场馆内的精彩画面

总之,在游泳比赛直播时,其机位设置并不是一成不变的,可以根据机位设置成组、拍摄角度合理的原则进行布局和架构,通过机位之间的遥相呼应、互相补充,为观众制作出具有节奏感和韵律的画面,制造紧张激烈的比赛氛围。

随着科学技术的不断发展,摄像机的类型和功能越来越多样,直播组应根据比赛需求选择合适的摄像机,避免舍本逐末现象的发生。

四、导播流程

游泳比赛直播画面的呈现是根据游泳运动项目的特点和比赛规则确定的,一般情况下导播是按以下流程进行切换镜头的。

(一) 赛前

(1) 拍摄水面,显示赛前字幕,内容包括比赛名称、组别、出发名单(按赛道排序)等。

(2) 运动员出场,逐个给运动员中景,并显示运动员信息字幕条。

(二) 赛中

(1) 侧拍运动员上跳台或开始处,显示赛道字幕,在对应的赛道水面显示赛道号、队名和运动员姓名。

(2) 发令即上计时字幕至终点,侧拍运动员至入水。

(3) 入水后切换到水下镜头至运动员浮上水面。

(4) 使用轨道机位或移动机位侧拍运动员前进至终点,其间可以切换看台高处的主机位或俯视机位。

(5) 运动员在赛道折返时,显示该节速度最快的前三名运动员信息字幕。

(6) 运动员折返后,可切换水下镜头或最快运动员的特定镜头。

(7) 运动员到达终点后,显示全程速度最快的前三名的赛道字幕,在对应的赛道水面上显示名次、队名和运动员姓名。

(8) 给第一名运动员特定镜头,显示字幕条,显示运动员信息和最终成绩。

(三) 赛后

(1) 多角度进行慢动作回放。

(2) 拍摄水平或使用水下镜头,显示最终成绩排名列表字幕,按名次排序。

第三节 技术赛项目直播技术应用

一、认识技术赛项目

技术赛项目包括跳水、花样游泳等,这些项目比赛以运动员的身体姿态、方式技巧等成绩进行排名,注重表演的艺术性。下面以竞技跳水为例,对跳水比赛的机位设置进行分析。

竞技跳水有"空中芭蕾""一秒钟艺术"的美誉,强调运动员身体姿态与造型的艺术性,属于技术赛项目。同时,竞技跳水属于奥林匹克运动会的正式比赛项目,其分设跳板跳水和跳台跳水两个小项。无论是跳板跳水项目还是跳台跳水项目,其跳水动作姿势相同,分为 A 式(直体)、B 式(屈体)、C 式(抱膝)及 D 式(翻腾兼转体)四种。

在竞技跳水比赛中,男子和女子的难度系数和自选动作有所不同。在跳板跳水项目中,女子共十组动作,包括五个难度系数限制的规定动作(总和不超过 9.5)和五个自选动作;男子则共有十一组动作,包括五个难度系数的自选动作(总和不超过 9.5)和六个无难度系数限制的自选动作。在跳台跳水项目中,女子共八组动作,包括四个有难度限制的自选动作(总和不超过 7.6)和四个无限制的自选动作;男子共有十组动作,包括四个有难度限制的自选动作(总和不超过 7.6)和六个无限制的自选动作。

总之,虽然不同比赛项目的规则有所不同,但其评分标准、技术动作等均相同。

二、竞技赛的直播要求

竞技跳水的基本动作有助跑、起跳、动作连接、空中姿态与技巧、打开、转身入水及入水七个环节,这些环节在节奏上是一气呵成的。

然而,作为观众,其审美欣赏更加注重助跑与起跳、空中技巧、入水效果等阶段,因此在拍摄画面时,可以根据这三个方面架设摄像机机位。

三、竞技赛的机位设置

在竞技跳水运动中,精彩的瞬间往往转瞬即逝,因此不能有复杂的镜头切换,要重点展示运动员的形体和身姿动态,捕捉运动员水下的状态等,并辅助相关的字幕和解说等,帮助观众识别运动员,其机位设置如表 8-2 所示。

表 8-2 跳水运动比赛摄像机机位设置[①]

序号	类型	机位	拍摄范围
1	大型座机摄像机	看台座位上,3 m 跳水者侧面	主摄

---

① 此设置参考了《第十一届全国运动会转播机位制作标准说明》。

续表

序号	类型	机位	拍摄范围
1A	大型座机摄像机	看台座位上,1 m跳水者侧面	主摄
2	超慢动作	与1号机位并列	两者可以选择(可替代的)的主摄及主要超慢动作重放
2A	超慢动作	与1A号机位并列	两者可以选择的主摄及主要超慢动作重放
3	大型座机摄像机	在座位区10 m跳台侧面	跳水者侧面特写镜头
4	大型座机摄像机	在泳池场地平台,斜对着3 m和10 m板台运动员	跳水运动员双人近景
4A	大型座机摄像机	在泳池场地平台,斜对着1 m板台运动员	跳水运动员双人近景
5	演播室用超级慢动作	在平台上面对1 m、3 m和10 m板台运动员	正面全景、特写及重放
6	带射频的稳定摄像机	手持,在泳池周围	各种各样的运动员进场、退场、出水特写及运动员介绍
7	手持射频摄像机	手持,在泳池周围	各种各样的运动员进场、退场、出水特写及运动员介绍
8	水下跟踪莫比摄像机	安装在水下泳池的底部,根据选手出水步骤跟踪移动	从水下拍摄运动员进入水中
10	空中摄像机	赛场区域上方有线摄像机	正面拍摄10 m跳台运动员和在头顶上空覆盖1 m和3 m跳板的比赛
11	手提式潜望镜	固定在跳板下方的泳池边缘	比赛的水下覆盖范围
12	迷你晶片摄像机,可用于遥摄和倾斜拍摄	运动员背后墙上2.5 m高/1 m板台与眼线相平	运动员入水前的特写
12A	迷你晶片摄像机,可用于遥摄和倾斜拍摄	3 m跳板后与眼部位置水平,装在运动员背后墙面4.5 m高的位置	运动员入水前的特写
13	迷你晶片摄像机,可用于遥摄和倾斜拍摄	10 m跳台后与眼部位置水平,安装在背面围栏上	运动员入水前的特写
14	潜水摄像机	10 m跳板的一侧	跟踪拍摄跳水者跳入水中的过程
15	在栏杆上的焦点摄像机	安装在泳池上方导轨上、运动员入水点上方	从头顶上方跟踪跳水运动员
16	迷你晶片摄像机,可用于遥摄和倾斜拍摄	近水边/泳池中心	供水下拍摄可替换选择(切换)的镜头
17	迷你晶片摄像机,可用于遥摄和倾斜拍摄	远水边/泳池中心	供水下拍摄可替换选择(切换)镜头

四、导播流程

跳水比赛直播的画面呈现与游泳比赛的画面呈现有很多相同之处,导播要根据跳水运动项目的特点和比赛规则来切换镜头。

(一)赛前

正面拍摄运动员特写,显示运动员信息字幕,内容包括运动员姓名、队名、比赛轮次、动作代码、难度系数和空中姿势说明等。

(二)赛中

(1)从侧边拍摄运动员进入跳台/跳板至入水,候跳时可以插入运动员脚部或手部的特定镜头。

(2)运动员入水后,切换水下镜头,其间可插入教练员的表情镜头。

(3)移动机位,拍摄运动员浮出水面镜头。

(三)赛后

(1)多角度比赛过程慢动作回放。

(2)移动机位跟拍运动员上池至休息区,显示该运动员本轮得分字幕。

(3)一轮结束后,拍摄水面或使用水下镜头,显示当轮最终成绩排名列表字幕,从高分到低分排序。

第九章 技击类赛事直播技术

技击运动很早就存在于生活中,如古代部落战争时的"角抵戏"就是技击运动的一种形式,随着时间的流逝,新的工具和器械的出现,丰富了技击运动的形式,"击剑""枪刺"开始出现。

现代技击是指两人徒手以提、摔、打、拿等技巧,根据规定的场地、时间、条件等进行的攻防格斗比赛。考验的是运动员的体力、智力、技巧及意志力。

本章主要介绍技击运动的发展历程和特点,并重点讲解在技击运动项目中,应用直播技术的技巧和规则。

第一节 技击运动项目发展与特点

技击运动,从字面上理解就是应用技术进行击打的运动。现代技击运动是一项具有激烈对抗性和高度攻防性的运动,其形式多样,包括拳击、跆拳道、空手道、自由搏击、摔跤等。

一、技击运动项目发展

(一)我国技击运动发展现状

在我国,技击运动有着悠久的历史,其发展经历了以下几个阶段,并逐渐形成如今的规模。

1. 萌芽阶段

在原始社会时期,部落之间的战争十分频繁,这为技击运动的诞生提供了可能,如把以徒手搏击为基础的"角抵戏"看作是技击运动的起源。

在春秋战国时期,击剑运动十分盛行并出现"技击"一词。据史料记载,赵文王本人就供养着多达3000名的击剑者,不仅如此,某次击剑比赛连续举行了七天,并引来众多百姓观看。由此可见,在春秋战国时期技击比赛已经在民间产生了很大的影响。

2. 发展阶段

随着技击运动的发展,唐宋时期,专门性的技击团体已经出现,如唐代的"相扑朋"和宋代的"角抵社"等,这些技击团体对技击运动有组织、有计划地展开,并制定了相关比赛规则,使得技击运动得到长远发展。

3. 昌盛阶段

在明清时期,技击运动的发展进入昌盛阶段。在技击人才方面,这一阶段涌现了很多技击大师,包括戚继光、郑成功、俞大猷等。在技击方式和场所方面,这一阶段的"打擂"之风盛行,即由擂主设立比武场所,然后打擂者上台和擂主进行挑战,根据技击技术决出胜负。在技击理论方面,其理论体系日趋完整,出现了诸多技击理论的著作,如唐顺之的《武编》和戚继光的《效纪新书》《练兵纪实》等。在明清时期,技击运动得到了极大限度的发展,为现代技击运动的发展奠定了良好基础。

1949年,中华人民共和国成立,在党的领导下,广大武者开始不懈努力,对技击运动进行挖掘和整理,取得了一定成效。尽管我国武术运动出现过"重套路轻技击"的现象,但整体来看,我国技击运动仍处于不断发展的趋势,很多武者开始继承和弘扬技击运动及其精神,为技击运动走出国门而不断努力。

(二)世界技击运动发展现状

技击运动是世界各民族共有的体育项目,以不同的形式在世界各国存在。其中,拳击运动是最为普遍的技击运动之一,约在公元前3900年,在古希腊的美索布达米亚,拳击运动就开始流行了,后来传到希腊和罗马。

拳击运动经过几千年的探索和发展,今天已经具备较为先进的理论基础和技术训练方法等,具有步法灵活、出拳速度快、力量迅猛、人体重心高等特点。

早期,拳击运动的规则尚不明确,参与者死亡率十分高,该运动曾几经衰落。直至18世纪,英国著名拳击家杰克·布劳顿(Jack Broughton)在1743年制定出了最早的一份拳击规则,规则中规定:"在比赛过程中,如一方被击倒在地,经30 s不能起来,即为失败。在一方倒地后,对方不能再继续进行攻击。"至此,拳击运动开始蓬勃发展并走上正轨。1904年,随着拳击运动在各国的发展和成熟,其被确立为奥运会的比赛项目之一。

在此期间,各种形式的技击运动也得到了不同程度的发展,在不同的国家和地区流行。例如,泰国的泰拳,具有技击动作简单实用、打法凶狠、善用腿法和膝法的优点,十分受泰国人民的欢迎,在泰国开展十分普遍。又如,韩国的跆拳道,和中国北派打法的技击运动类似,并于1982年列入世界性比赛项目。再如,日本的空手道、柔道等,被列入世界运动会正式比赛项目,受到各国人民的喜爱,发展势头良好。

二、技击运动项目特点

尽管技击运动的形式多样,但其根本是通过徒手或借助器械来表现攻防格斗能力的,其宗旨是通过演练提高人的身体素质,并提升人的攻防能力,技击运动具有以下特点,如图 9-1 所示。

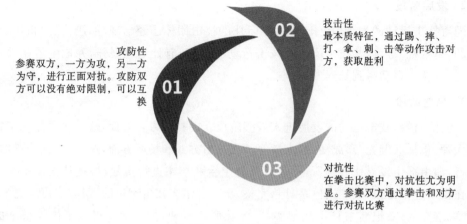

图 9-1 技击运动的特点

(一)攻防性

现代技击运动项目强调攻防特点,突出高、难、美、新。

在实战中,参与双方都是直接接触的,一般采用直接干脆的方法击打对方,如利用拳、脚或剑等进攻对方,变化多端,无法预测。

在防守方面,也很少使用躲闪的方法,而是以直接格挡为主,追求刚来刚往,尽可能保持甚至缩短双方距离,增加击打的实效性。

需要注意的是,在技击运动中攻防双方并不是绝对不可转变的,运动员可以根据自己的需要决定战术,选择攻击或防守的战术。

(二)技击性

无论哪种形式的技击运动,最本质的特征就是技击性。从体育的角度出发,技击运动受到比赛规则的制约,不能伤害对方,尤其是严格限定击打部位和护具,且对使用的器具做了相应的改进。

实际上,这些技击运动的动作方法仍保留着技击的特性,就整套技术来看,其主要动作仍旧是踢、摔、打、拿、刺、击等,在技术规格、运动幅度方面可以说是"换汤不换药",仍旧保留着技击的风格,因此说技击运动项目具有明显的技击性。

(三)对抗性

技击运动的另一典型特征就是对抗性。运动员需要针对对手的打法规律等进行不同的战术安排,通过使用不同的拳法或技术动作去攻击对方有效的点的部位,这是一种攻防并存的格斗对抗。在拳击运动中,这种对抗性格外明显。

在高强度的对抗中,运动员需要随时随地发起进攻,无论是控制对手还是抑制对手,其本质都是进行对抗比赛。

综合来看，技击运动具备较高的健身和防身价值。在技击运动中，运动员以战胜对手为目的，需要直接攻击对手，属于运动强度非常强的运动项目。

要想在比赛中击倒对手，对人体的速度、力量、协调、反应、灵活等方面提出较高要求，需要人体肌肉在高度灵活、协调及紧张的状态下，进行持续性和爆发式的交替工作，具有较高的难度。因此，进行技击运动，可以有效增强人体肌肉和人体功能系统持续工作的能力，增强人体最大吸氧量，并提升人体耐酸能力和心肺能力等。同时，进行技击运动，还可以锻炼人的意志，培养人们敢打敢拼、顽强拼搏、百折不挠的精神品质。

第二节　技击类项目直播技术应用

技击类项目有很多，无论哪种比赛形式，均需要对比赛项目的规律有所了解，才能更好地进行体育赛事直播，为观众呈现紧张激烈的比赛画面，下面以跆拳道和拳击为例，对直播技术进行讲解。

一、跆拳道直播技术应用

对观众而言，观众更想看到双方运动员激烈搏击的场面，更想看到运动员精妙的技术动作，因此在对跆拳道比赛进行直播时，需要将比赛中激烈的氛围和运动员的技术动作加以呈现。

（一）认识跆拳道

1. 跆拳道起源

跆拳道起源于朝鲜半岛。1955年，由韩国崔泓熙将军创造，其武道精神为"始于礼，终于礼"，被韩国视为国技。

在跆拳道项目中，共有24套套路，另外还有10多种基本功夫，如兵器、擒拿、对拆自卫等，深受运动员的喜爱。跆拳道成为奥运会比赛项目的时间较晚，直至2000年的悉尼奥运会，才成为正式的比赛项目。

1992年，我国正式开展跆拳道运动，并在国内组织全国范围内的专家座谈会。1994年，在河北正定举行首届全国跆拳道教练员裁判员学习班，并与同年9月，举办首届全国跆拳道比赛，共有150多名运动员参加比赛。至此，跆拳道运动在我国正式开启。

2. 跆拳道比赛场地

一般而言，跆拳道是有两个人进行的比赛项目，其场地可以为 12 m×12 m 的正方形场地，在该正方形场地中铺设有弹性垫子且无任何障碍物。如果有需要，则可将比赛场地垫高，其高度超过地面 50~60 cm，比赛台支撑装置和地面的夹角小于 30°。

跆拳道的比赛场地由竞赛区域和安全区域构成。竞赛场地应为正方形，应不小于 10 m×10 m，不大于 12 m×12 m。竞赛场地中央为八角形的竞赛区域，该赛区直径 8 m，八角形的每一条侧边长度为 3.3 m。竞赛场地的外围线和竞赛区域的边界线之间为安全区域。以不同的颜色划分为竞赛区域和安全区域①。

3. 跆拳道比赛规则

跆拳道比赛按照性别和体重的不同进行级别比赛,男子有 8 个体重级别,女子同样有 8 个级别,如表 9-1 所示。

表 9-1　跆拳道比赛的运动员体重级别

性别	级别	性别	级别
男	54 kg 以下	女	47 kg 以下
男	54～58 kg	女	47～51 kg
男	58～62 kg	女	51～55 kg
男	62～67 kg	女	55～59 kg
男	67～72 kg	女	59～63 kg
男	72～78 kg	女	63～67 kg
男	78～82 kg	女	67～72 kg
男	84 kg 以上	女	72 kg 以上

在比赛时,运动员双方根据自身所在的级别进行相应比赛,只有在同一级别的运动员,才能进行对赛。

在跆拳道比赛中,共有三局,每局仅有两分钟的时间,局间休息一分钟,根据参赛双方三局比赛中总得分情况决出胜负。其中,青方和红方两方选手均需要穿戴一整套跆拳道服,包括道服、道带、头盔、护甲、护腿、护臂、护胸、手套等。其比赛规则如下。

首先,在比赛中,允许双方运动员应用拳和脚的技术,攻击对方髋骨以上至锁骨以下、两肋被护具包裹的躯干部位;禁止攻击对方的后背脊梁。

其次,仅允许用脚的技术攻击对方两耳以前的头部,允许应用直拳技术和踝骨以下脚的部位来攻击对方。

最后,如果可以准确有力地攻击到对方的躯干部位,可以获得 1 分;如果做出高难度旋转技术动作,并被电子护具识别,则可以获得 2 分;如果可以击中对方头部,则可以获得 3 分。

需要注意的是,跆拳道比赛可以分为个人赛和团体赛及品势赛,但在奥运会中,跆拳道比赛只有个人赛,因此在进行赛事直播时,需要根据比赛类型的不同合理设置摄像机的数量和位置。

(二)跆拳道直播要求

在进行跆拳道直播时,观众更想看到运动员的技术动作和触碰情况,因此可以重点对运动员的技术动作等进行慢动作回放,拍摄双方运动员的特写和运动员动作切换的画面。

---

① 严波涛. 全运会运动项目文化研究[M]. 西安:陕西人民出版社,2021。

（三）跆拳道项目机位设置

第一，在座席平台正对垫子中央位置处，架设一台大型座机摄像机，为保证拍摄的效果，最好低于 1.2 m。该摄像机主要用来拍摄运动员的面部特写，并对整个跆拳道场地进行覆盖面拍摄。

第二，在贵宾席左边架设一台大型座机摄像机，其距离应为 60 cm，主要用来拍摄全景画面。

第三，在地面上垫子左右角的底座上，分别架设一台大型座机摄像机，主要用来拍摄双方运动员的特写，为观众呈现双方运动员的状态和动作技巧等。

第四，在地面上垫子左角底座左侧位置处，架设一台手持式摇臂摄像机，主要用来拍摄运动员击打动作切换的画面。

第五，在座席平台逆时针 90°位置处，架设一台超慢动作摄像机，主要用来拍摄慢动作镜头或重要镜头的回放。

第六，在跆拳道馆右边一个角落，架设一台手持遥控摄像机，主要用来拍摄场馆内精彩的画面。

当然，直播组也可以根据需要灵活设置 2 台游动摄像机，以便更好地拍摄运动员的特写画面，其机位设置如图 9-2 所示。

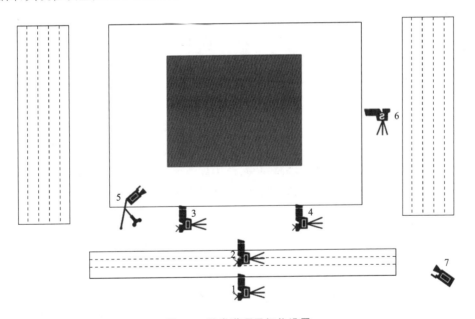

图 9-2　跆拳道项目机位设置

（四）导播切换要求

1. 赛前

在跆拳道比赛赛前，运动员会依次分批进场，赛前镜头可以采用中景游动摄像机跟随拍摄。

并且运动员一般都会分批进行赛前热身。此时,赛前镜头可以拍摄一些比赛的近景特写,特别是一些关注度高的明星运动员,这样可以更容易满足屏幕前观众的观看需求。

导播可以使用大场景镜头与运动员特写镜头切换应用,还要适当加入观众席的镜头,近景抓拍观众的观赛情感变化。

(1) 使用主机位全景拍摄比赛场地的全貌。

(2) 使用移动机位或斯坦尼康对运动员进场进行中景仰拍。

(3) 适当切换固定机位中景拍摄观众席观众的反映。

(4) 当运动员到休息席时,使用移动机位拍摄运动员与教练员的交流或运动员的准备画面。

(5) 当运动员热身时,使用主机位全景拍摄运动员热身场景,可以适当切换运动员的特写或中景。

(6) 当运动员穿戴比赛用具时,使用全景拍摄画面,可以适当切换一些特写或中景镜头。

(7) 可以适当切换一些比赛裁判员及双方教练员的中景镜头,以便对其做出介绍。

2. 赛中

比赛中的镜头可以分为两种,一种是运动员的镜头,一种是场外镜头。

在跆拳道比赛直播中,双方运动员是最为关键的一环。在大多数镜头里,都是以运动员为主体对象。在比赛过程中,由于某一方运动员犯规致比赛中断,导播应及时切入犯规者和被侵犯者的近景,无论是被侵犯者痛苦的表情,还是犯规者一脸无辜的神态,这都是为了向观众交代清楚比赛状况;同样,即使是运动员没有抓住机会而呈现的遗憾表情,以及运动员完成得分后表现出激动的神情,都是在比赛中需要被捕捉到的,正是这些动作神情使得球员形象显得更加真实。

另外一种就是场外镜头,场外镜头包括场上除比赛双方运动员之外的裁判员、教练员及看台观众。在整个比赛直播中,如果只有场上的运动员是远远不够的,对在屏幕前观看的观众来说,想要获得身临其境的感觉,在直播中加入的场外元素是必不可少的。

(1) 多角度全景拍摄比赛双方比赛画面,或使用移动机位多角度拍摄比赛的全景画面。

(2) 比赛中可以穿插切换观众或者教练员的镜头。

(3) 裁判员分离比赛双方时可以切换裁判员与运动员的关系镜头。

(4) 当运动员得分或犯规时,可以切换裁判员的中景镜头。

(5) 当运动员得分时,可以切换得分选手的特写或中景镜头。

(6) 当运动员犯规时,可以切换被侵犯者或是侵犯者的中景,或特写镜头。

3. 局间休息

(1) 使用移动机位或斯坦尼康全景跟随赛中领先运动员离开比赛场地回到休息席的画面。

(2) 切换使用移动机位或斯坦尼康全景跟随拍摄落后运动员回到休息席的画面。

(3) 切换赛中(得分、犯规)等精彩镜头的慢动作画面。

(4) 切换双方运动员与各自教练员沟通的中景。

(5) 穿插切换观众的中景镜头。

(6) 使用移动机位或斯坦尼康全景跟随双方运动员回到比赛场地的画面。

4. 赛后

(1) 全景拍摄比赛结束的画面。

(2) 切换比赛获胜方的特写镜头,并给出获胜字幕。

(3) 切换观众反应的特写镜头。

(4) 切换到比赛的全景镜头。

(5) 切换比赛失败方的特写镜头。

(6) 切换比赛中精彩镜头回放的集锦视频。

(7) 调整机位准备领奖仪式(全景、中景镜头各两台)。

(8) 获胜运动员采访(全景、中景两镜头切换)。

二、拳击直播技术应用

随着拳击运动的成熟和发展,其逐渐成为许多国家竞技体育项目中的必设项目,受到数以万计观众的喜爱。在进行拳击运动体育赛事直播时,需要将双方运动员的特点和全貌加以呈现,将赛制的氛围淋漓尽致地展现出来。同时,拳击运动的场地有限,因此在设置摄像机时需要有所选择和侧重。

(一)认识拳击

1. 拳击的起源和发展

拳击是指在一定规则限制下,双方运动员双手带着特制的柔软手套进行击打搏斗,具有较强的对抗性。

拳击是对抗性竞技项目之一,有"勇敢者的运动"之称,在古希腊和古罗马时代就开始萌芽,随着时代和社会的发展,拳击运动逐渐得到世界人们的认可,其不仅在欧美各国极为盛行,且在亚洲各地也得到广泛开展。

1904年,在第三届奥运会中,现代拳击运动被列为正式比赛项目,具有技术娴熟性、高强度对抗性、攻防转换快速性、比赛观赏性等诸多优势特征,在奥运会比赛中占有10枚金牌,是仅次于足球运动的世界第二大运动项目。

近年来,中国拳击运动的发展势头良好,并取得了较为突出的成绩,受到各国拳击界的重视。

2. 拳击比赛场地

在正式比赛中,其拳击台的面积为 $6.9 \sim 7.1 \, m^2$,台面距离地面或底座为 $0.91 \sim 1.22 \, m$,台面延伸出围绳外不少于 46 cm,并在台面的四角安装四个角柱,应稳固拴牢围绳。同时,需要在台面中铺垫厚度为 $1.3 \sim 1.9 \, cm$ 的毡制品、橡胶等具有弹性的材料,以保障运动员的安全。

所谓围绳是指围在台面四周的、直径为 $3 \sim 5 \, m$ 的长绳。围绳法的数量一般为 3 或 4 根,如果是 3 根,其距离台面的高度分别为 40 cm、80 cm、130 cm;如果是 4 根,其距离台面的高度则分别为 40.6 cm、71.1 cm、101.6 cm 和 132.1 cm。为保障运动员的安全，需要在围绳表面包扎柔软光滑的布料，并用两条宽 5 cm 的帆布带围绳的每一边上下拴牢。

在拳击台中，在 4 个角中需要设立 2 个中立角和红蓝两个角，并在上面铺垫软硬适中的角垫（宽 25 cm、厚 10 cm），主要为场上裁判员和运动员提供休息的地方，每当比赛开始之前或中途休息时，裁判员或运动员就可以在中立角或红蓝角休息。

需要注意的是，在拳击台四周应设有宽度不少于 3 m 的中立区域，主要用来避免发生意外。

3. 拳击比赛规则

1）业余拳击比赛

1997 年，国际业余拳联制定出拳击比赛新规则，规定在业余拳击比赛中，采用四回合制，每个回合有 2 min，回合间休息 1 min。根据运动员体重级别的不同，共设立 12 个级别。进行拳击比赛时，参赛双方运动员需要穿戴拳击手套、背心、短裤、软底鞋并佩戴头盔。

在业余拳击比赛中，运动员应用各种拳法攻击对方头部或腰部以上的部位，每击中一次得 1 分（需要至少 3 名以上的裁判员认为击中），最后裁判员根据双方在五个回合中获得的总分来判定名次，如果总分相等，则根据运动员的技术风格或是否处于主动地位进行评判。在一方运动员被击倒后，裁判员开始数秒，如果数到 10，运动员仍未站立起来，则可以判对方获胜。

2）职业拳击比赛

和业余拳击比赛不同，在职业拳击比赛中，设有 17 个级别，实行 10~12 回合制，每个回合间休息 1 min，其评判方式有所不同，主要根据强烈攻击或将对方击倒的方式来评出胜负，即被击倒的运动员如果不能在 10 s 内站立起来，就可以判定对方获胜。需要注意的是，在职业拳击比赛中，运动员使用的拳击手套小且薄，并赤裸上身，不戴头盔，这对拳手的保护是有所欠缺的。

在拳击比赛中，允许击打的对方身体部位包括眉至下颌间的脸部，头侧耳部以下；胸至肚脐间的正面区域；禁止击打后脑、背部和肚脐以下的部位。

（二）拳击直播要求

拳击运动紧张且刺激，参赛双方以自己的身体为工具，应用各种拳法攻击对方，身法虎虎生威，令人热血沸腾。

要想更好地呈现拳击运动的画面，除了运动员本身的动作技巧、身姿变化、表情特写之外，还需要呈现整体的画面，包括现场观众的面貌、欢呼声、加油声等。

（三）拳击项目机位设置

第一，由于拳击场的区域较小，可以在拳击场的正面中心位置，架设一台大型座机摄像机和一台高速摄像机，用来正面拍摄运动员，两台摄像机拍摄的画面可以互为补充。

第二，在拳击场的对角线位置处，架设两台摄像机，主要用来拍摄拳击场红、蓝双方运动员的表情和动作。

第三,在拳击场上空中央位置,架设一台飞猫,用来俯拍整个拳击场,包括遥远的角落和观众,为观众呈现整体的画面。

第四,在拳击场的一个角落架设一台摄像机,主要用来在拳击场整体的精彩画面,其机位设置如图 9-3 和表 9-2 所示。

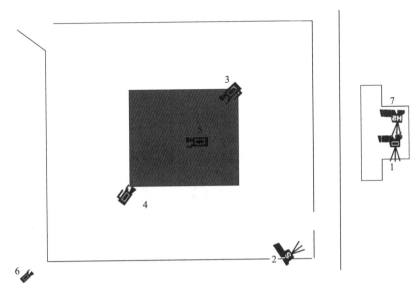

图 9-3 拳击项目机位设置

表 9-2 拳击项目的机位设置表

序号	类型	镜头	机位	拍摄范围
1	大型座机摄像机	20-1	在拳击场的正面中心/高机位	重要的主拍摄机位
2	超级慢动作摄像机	70-1	在 1 m 高的平台上/拳击场的对角线拍摄机位	重放/镜头要求严谨的拍摄范围
3	手持式摄像机	11-1	拳击台边缘各个不同的位置	拳击台边拍摄比赛/介绍队员/颁奖仪式
4	手持式摄像机	11-1	拳击台边缘各个不同的位置	拳击台边拍摄比赛/介绍队员/颁奖仪式
4A	手持式摄像机	11-1	新闻发布会房间	仅限于新闻发布会现场
5	热点摄像机	20-1	拳击场上空中央位置	空中俯拍的镜头/范围要包括遥远的角落和观众
6	手持式遥控摄像机	8-1	在竞技场的一个角落	固定从竞技场上方拍摄精彩画面
7	高速摄像机	100-1	1 号摄像机旁	仅限于重放用

第十章

表演类赛事直播技术

表演类运动项目的类型有很多,如艺术体操、健美操、自由体操、水上芭蕾、体育舞蹈等,这些项目大多需要音乐进行伴奏,富有艺术性和观赏性,是大型体育赛事中不可缺少的项目。

第一节 表演类运动项目的发展与特点

一、表演类运动项目的发展

表演类运动项目,其重点在于表演二字。运动员通过身体或借助一定工具,在音乐的伴奏下,舞动身体或工具,做出高难度动作,带给观众良好的审美体验,以自身的价值和魅力风靡世界,受到青年人的喜爱。

表演类项目是新兴体育运动项目,人们对其的重视程度远比不过一些竞技项目。从起源上看,表演类项目出现很早,但作为体育运动项目的发展比较迟缓。随着社会生活和人们观念的变化,人们逐渐意识到表演类运动项目的重要性,开始将其作为体育运动项目,并迅速得到了青年人的喜爱,在塑形方面具有良好的效果。

二、表演类运动项目的特点

表演类运动项目是根据不同项目的要求,充分展示运动员优美的姿态、高难动作、技巧及充沛的体能,这都与美有着密切关系。表演类运动项目具有以下特点。

(一)艺术性

表演类运动项目节奏明快、动作优美,可以很好地展示身体曲线和柔韧性,具有极强的艺术性,主要体现在以下方面。

1. 表演美

从艺术的角度出发,每个运动项目都有美与不美之分,而表演类运动项目则极具表演美。主要表现在音乐和形体的巧妙结合,运动员通常需要音乐进行伴奏,通过个人、双人或多人身体、队形、节奏等变化,让活动者和观赏者都能享受这种美。

其中,其音乐节奏和韵律往往比较舒缓、优雅,并配以优雅的身姿,让观众身心愉悦,更加舒心畅意。

2. 编排美

编排美是表演类项目典型的特征,运动员通过对技术动作、音乐、节奏、时间等的精准把握,根据音乐对自身的形体动作等进行巧妙编排,在音乐伴奏下,展示出一套行云流水的技术动作,其技术动作灵活多变,充分展现了运动员的巧妙构思和艺术审美。

3. 服装美

和其他运动项目相比,表演类运动项目的服饰非常美观,在款式、色彩搭配及线条上设计得更加美丽优雅、艳丽夺目。

4. 形体美

表演类运动员的形体十分优美,不仅身高比例完美,身材匀称,且站如松、行如风,具有专业的水准。在每个技术动作中,都展示着运动员的形体和身姿之美。

(二)观赏性

通过表演类运动项目,运动员可以传达出自身的感情,展现出动作的优美。对观众而言,通过表演类项目可以观赏到艺术的魅力、音乐的优雅、身姿的流畅,具有极大的观赏性。

表演类赛事将美妙动听的音乐、高超的技术动作和矫健的身体姿态等结合在一起,富有极具动态的美感,展示出运动员的青春活力。

(三)健身性

表演类运动项目的形式多样,有徒手动作和各种轻器械动作,节奏时快时慢,需要全身器官和肌肉的参与,可以很好地提升参与者的协调性,增强参与者的体质。

同时,表演类项目可以通过活动身体的各个部位,以塑造自身健康、匀称的体型,具备良好的健身效果。

第二节　表演类项目直播技术应用

在对表演类赛事进行直播时,需要注意对画面的掌握,将体育赛事具有的表演美充分呈现出来。

根据表演类项目的不同,摄像机的机位设置和画面切换等有所侧重,各不相同。本节以艺术体操赛事为例,对直播时的机位设置和画面切换等进行详细讲解。

一、艺术体操

艺术体操是最常见的表演类项目之一,其内容繁多,风格迥异,具有节奏和韵律之美,艺术感染力强。

(一)艺术体操的起源与发展

艺术体操往往是在音乐的伴奏下进行的,极具表演性和艺术性,具有特殊的美感。艺术体操的发展比较晚,人们对艺术体操的起源一直未达成共识,一种观点认为艺术体操可以追溯到古埃及时期,当时的人们对人体美学非常推崇。但事实上它起源于19世纪和20世纪初在欧洲出现的运动美学理念。20世纪40年代的苏联把艺术体操发展成为一个体育运动项目。1962年,国际体操联合会正式承认艺术体操项目;1963年,在匈牙利布达佩斯举行了第一届世界艺术体操锦标赛;1984年,洛杉矶夏季奥运会把艺术体操列为个人场地比赛项目。艺术体操于20世纪50年代初经苏联传入中国。

(二)艺术体操比赛规则

艺术体操有五种形式,分别是绳、球、环、棒和绸缎,在比赛时,运动员需要和所使用的器材保持身体接触,其要求如下。

(1)动作需要连贯,禁止出现静止动作。

(2)比赛动作长度需要保持75~90 s,时间一旦超出或者不足,按照每秒0.05分进行扣除。

(3)音乐和动作的结束时间必须保持一致,即音乐停止的同时,动作刚好结束。

对艺术体操而言,其结合了身体难度动作和器械技术动作,前者包括跳、转体、柔韧、平衡和波浪,后者包括摆、收、放等。艺术体操的场所一般为13 m×13 m,在四周至少留有宽度为1 m 的安全区域,并在场地上铺设地毯和衬垫,保持运动员的平稳。

在艺术体操比赛时,需要有三个裁判小组(分别为完成组、艺术组、难度组,每组有4名裁判员)对运动员成绩进行打分,其评判规则如下。

(1)完成组对运动员完成情况的技术进行评判,根据运动员的失误程度进行扣分,小失误扣0.10分,中等失误则扣0.20分,大失误扣2.30分。

(2)艺术组对运动员编排的艺术价值进行评判,根据运动员音乐伴奏和舞蹈设计情况进行打分,包括器械动作、身体动作的选择和使用,艺术体操的熟练性和独创性等。

(3)难度组对运动员编排的技术价值进行评判,主要包括器械特有的规定动作的数量和水平,或其他难度动作的数量等。

总之,艺术体操运动员的满分是20分,其成绩计算规则为:完成分10分,艺术分和难度分各10分,将三者的成绩相加除以2,然后再减去扣分,即可获得运动员的最终得分。

二、艺术体操的直播要求

在进行艺术体操比赛时,运动员整体的身姿动作都十分优美,观众更想看到完整的艺术动作,因此在直播时需要拍摄整体画面,相对减少运动员特写。

在对艺术体操比赛进行直播时,如果是团体赛,则需要对每个运动员进行特写和相关介绍,其拍摄重点在于运动的身姿动作和团体间的合作,因此在拍摄运动员画面时,多采用远景和中景。

三、艺术体操项目机位设置

对艺术体操项目而言,更多需要呈现远场景,对运动员整体状态进行拍摄,其机位设置如表10-1所示。

表 10-1 艺术体操项目机位设置

序号	类型	机位	拍摄范围
1	大型座机摄像机	场地正中央高位	高位主摄
2	大型座机摄像机	在1号机位下面的平台上	可与主机位进行替换切换的重要机位或者比赛的重放
3	超级慢动作摄像机	场地近边的左边角落	从对角线角度对比赛的超级慢动作重放
4	超级慢动作摄像机	场地远边右边角落	所需拍摄的有效范围及超级慢动作重放
5	手持6 m摇臂摄像机	赛场近边右边角落	可进行替换切换的重要机位或者比赛的重放
6	手持式遥控摄像机	固定在场馆的角上	场馆内精彩画面
7	手持式热点摄像机	赛场正上方	比赛中可进行替换切换的重要机位及重放
8	手持式摄像机	在场馆的右边	对运动员拥抱、哭泣等的特写

第一,在场地正中央高位架设两台大型座机摄像机,拍摄场地的整体画面,一台摄像机用来高位主摄,一台摄像机用来互相补充,进行替换切换或者进行拍摄比赛重放画面。

第二,在场地近边的左边角落和场地远边右手角落各架设一台超级慢动作摄像机,以对角线的角度对比赛进行超级慢动作重放,更好地呈现运动员的表演技巧。

第三,在场地近边右边角落架设一台手持6 m摇臂摄像机,可以进行替换切换或进行比赛画面的重放。

第四,在场馆的角上固定一台摄像机,主要用来拍摄场馆内的精彩画面。

第五,在场馆正上方架设一台手持式热点摄像机,可以进行替换切换或进行比赛画面的重放。

第六,在场馆的右边架设一台手持式摄像机,主要用来拍摄运动员拥抱、哭泣等的特写。

总而言之,在具体比赛时,需要针对具体情况灵活设置机位,这可以添加机位。如果经费有限,还可以适当减少机位。但需要注意,无论怎么设置机位,都需要将比赛过程完整地呈现出来。

四、艺术体操字幕

(一)入场字幕

字幕内容包括运动员所属国家、国标信息,以及各位运动员的姓名及年龄,如图10-1所示。

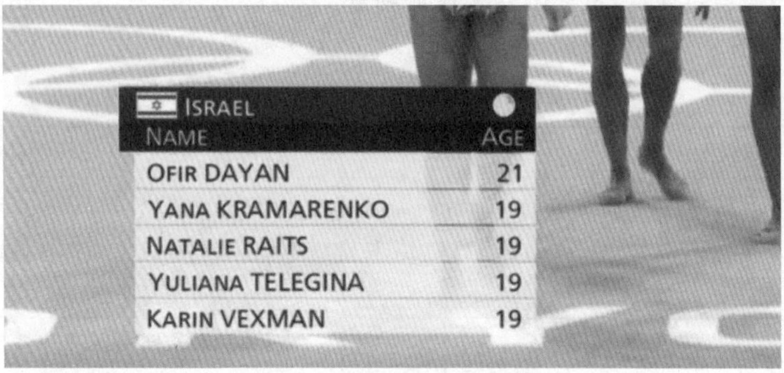

图 10-1　入场字幕模板样式

(二)评分字幕

字幕内容应包括运动员所属国家、"DIFFICULTY"(动作难度分)、"EXECUTION"(动作完成分)、"PENALTY"(扣分)、"SCORE"(总评分),如图10-2所示。

图 10-2　评分字幕模板样式

五、艺术体操导播规则

在播出艺术体操时,导播在机位切换中尽量以各个角度的全景、中景镜头为主,应该更加关注表演中的编排美及整体性,尽量不要给特写镜头。

(1)运动员入场以顶机位中景或正面主机位中景跟随拍摄,直到运动员进入比赛场地。

(2)运动员进入比赛场地后,导播切换正面全景机位(画面下半部分留出空间),字幕导播显示入场字幕(3~5 s)。

(3)运动员开始比赛后,切换顶机位以中景拉开到全景,拍摄整个比赛场地的画面及运动员队形的变化。

(4)比赛中,以中间摇臂机位低仰中景拍摄运动员整体的动作及表现。

如运动员到了比赛场地的左方或是右方,以高台主机位1号机位全景跟随拍摄(需要缓缓推、拉、摇、移、跟随全部运动员)。随后切换2号机位或是手持机位中景拍摄所有运动员。

(5) 在比赛中途,以1号机位全景拍摄为主,可以不定时切换摇臂俯仰中景画面或是2号机位与手持游动摄像机平视中景机位(具体切换需要根据运动员表演的编排)。

(6) 表演完毕后,以2号机位平视中景拍摄所有运动员谢幕的画面。

(7) 谢幕后,切换现场观众欢呼鼓掌的画面,以中景为主。

(8) 运动员下场时,以游动摄像机全景跟随运动员移步到休息区,等待现场裁判员打分。

(9) 在运动员到达休息区后,慢动作导播切换到比赛时运动员技巧、表情、队形等精彩画面的慢动作回放。

(10) 在慢动作回放完毕后,导播切换回游动摄像机全景拍摄的运动员画面。

(11) 在等待现场裁判员给出比分之前,可以切换固定机位中景拍摄现场裁判员打分的画面或是裁判组、观众的中景画面。

(12) 在现场裁判员给出评分后,字幕导播迅速制作比分字幕,画面导播切换回游机摄像机全景拍摄的运动员画面。

(13) 字幕导播切换比分字幕,游动摄像机继续全景拍摄参赛选手的画面(3~5 s)。

(14) 随后切换顶机位全景或中景拍摄下一组运动员入场的画面。

第十一章
体育赛事直播版权保护

党的十八大以来,我国的知识产权事业朝着中国特色的方向纵深发展。习近平总书记既从创新驱动发展方向出发,又站在全球治理体系建设的战略高度入手,对知识产权和知识产权保护做出了一系列重要论述,推动了我国知识产权的改革和发展。2020年11月30日,习近平总书记主持召开了中共中央十九届政治局第二十五次集体学习,并就加强我国知识产权保护工作发表了重要讲话。习近平总书记强调要讲好中国知识产权故事,展示文明大国、负责任大国形象。通过这次的集体学习,可以看出习近平总书记高度重视知识产权保护体系建设,期望我国的知识产权事业稳步发展。这次集体学习使我国今后的知识产权保护工作道路越来越清晰,越来越明确,对我国知识产权事业发展有着里程碑的重要意义。

中国一直以来都特别重视发展体育事业和关注人民的身体健康。1952年,毛泽东主席就强调了体育事业发展的重要性,他提出"发展体育运动,增强人民体质"。党的十八大以来,习近平总书记进一步强调体育事业发展的重要性,他提出"体育强则中国强,国运兴则体育兴"。国家的政策越来越好,人民的生活水平也越来越高,体育事业也将得到快速发展。体育产业发展的速度过快,而体育赛事直播版权保护力度滞后,一系列的侵权盗播行为相继出现。有关体育赛事直播版权保护的案件也越来越多,在我国司法实践中的比重也越来越大。因此,加强体育赛事直播版权保护刻不容缓。

一、体育赛事直播版权运营所面临的机遇

(一)体育赛事直播版权保护的法律和政策逐步完善

习近平总书记对知识产权法律制度建设非常重视,"要提高知识产权保护工作法治化水平"。只有织密知识产权保护的法律之网,才能够更好地提升知识产权治理水平,逐步提高知识产权保护能力。习近平总书记强调"要研究实行差别化的产业和区域知识产权政策,完善知识产权审查制度",这为知识产权政策体系构建指明了方向。习近平总书记还强调要在严格执行《民法典》相关规定的同时,加快完善相关法律法规,统筹推进《专利法》《商标法》《著作权法》《反垄断法》《科学技术进步法》等修订等工作,增强法律之间的

一致性①。

2020年11月11日第十三届全国人民代表大会常务委员会第二十三次会议对《著作权法》作了第三次修正。《著作权法》一方面为体育赛事节目的作品性认定做了规定，统一改称为视听作品，从著作权方面保护了体育赛事直播节目的版权。2020年11月16日，最高人民法院印发了《关于加强著作权和与著作权有关的权利保护的意见》(法发〔2020〕42号)，第5条规定："高度重视互联网、人工智能、大数据等技术发展新需求，依据著作权法准确界定作品类型，把握好作品的认定标准，依法妥善审理体育赛事直播、网络游戏直播、数据侵权等新类型案件，促进新兴业态规范发展。"进一步从司法政策方面加强了体育赛事直播节目的版权。我国的《体育法》于2022年6月24日第十三届全国人大常委会第三十五次会议修订通过，新增关于体育赛事组织者权利的保护，有助于加强体育赛事直播版权的保护。有关知识产权法律法规的修正、修订，一系列有关知识产权政策的出台，为体育赛事直播版权正常运营保驾护航。随着我国体育产业的不断发展，体育赛事直播版权保护的法律和政策也将逐步得到完善。

（二）体育赛事直播版权市场逐步回归理性

2010年，新英体育以每年1000万美元的高价购买了英超联赛三年的转播权，新浪成为NBA的中国官方互联网合作伙伴，并开始视频直播NBA。至2022年，我国的体育赛事直播版权市场经过多年的起起落落、浮浮沉沉，从市场混战到如今的腾讯、爱奇艺、咪咕三足鼎立，从千万美元到亿级、十亿级版权费，从央视传统版权到新媒体版权，从电视直播市场到互联网直播市场，整个体育赛事直播版权市场是非常活跃的。

进入2020年，由于体育赛事市场趋势走低，体育赛事版权价值随之贬值。直至2022年底，体育赛事市场逐步活跃，一轮又一轮的体育赛事直播版权变更事件不断呈现，各大体育赛事直播平台也在开始重新评估版权的价值和运营方式，体育赛事版权市场逐步回归理性，体育赛事版权费用虚高的问题也越来越少。体育赛事版权市场价值的理性回归，减少了恶性和非理性的竞争，不论是对版权持有方和版权购买方，还是各体育赛事直播平台的受众都是一件好事。

（三）短视频平台进军体育赛事版权市场

根据CNNIC(中国互联网信息中心的简称)发布的第50次《中国互联网络发展状况统计报告》显示，截至2022年6月，我国短视频的用户规模增长最为明显，达9.62亿，较2021年12月增长2805万，占网民整体的91.5%②。短视频作为一股新生力量对整个互联网视频市场影响是巨大的，必然对体育赛事版权市场带来一定的影响，可以说对体育赛事版权传播是利好的，也可以为体育赛事版权参与市场竞争开辟新天地。2018年，抖音与NBA达成合作，在抖音平台推出每日的NBA赛事集锦和幕后花絮等短视频；2019年，快手与CBA建立合作，利用短视频多角度呈现CBA的赛事精彩瞬间。进入2021年，也

---

① 习近平.全面加强知识产权保护工作 激发创新活力推动构建新发展格局[J].求是,2021(03):4-8.
② 中国互联网络信息中心.中国互联网络发展状况统计报告(第50次)[R].北京:中国互联网络信息中心,2022.

是短视频正式进军体育赛事版权市场竞争的标志之年。快手继续在体育赛事版权市场上发力,2021年拿下CBA直播和点播的短视频独家版权后,又获得了夏季奥运会、冬季奥运会、NBA等多个大型体育赛事的短视频合作版权。2022年6月21日,中央广播电视总台与抖音建立战略合作关系,抖音成为2022年卡塔尔世界杯持权转播商。随着各大短视频平台纷纷参与体育赛事版权市场竞争,必定会进一步提高大型体育赛事视频受众流量,同时也为体育赛事版权市场提供新的营销途径。

(四)国内外体育赛事逐步复苏

进入2021年,在党和政府的努力下,我国的体育赛事也逐步有序恢复。国家体育总局多次发文明确恢复体育赛事活动的各项原则和要求。2022年7月5日印发的《关于体育助力稳经济促消费激活力的工作方案》提出,要安全有序恢复线下赛事,加大转播力度,力争做到国内赛事应办尽办、应播尽播,把更多赛事呈现到人民群众面前。过去几年,体育赛事活动的恢复也是有一定的限制的,"空场"比赛对体育赛事运营方来说是会减少门票收入的,但对观众来说可以摆脱重复观看以前赛事回放的困扰。体育赛事的复苏意味着体育赛事直播版权市场被重新激活,体育迷们将重新回归,伴随原有现场观众的加入,视频观众也将会呈现报复性的增长,使得版权的价值得到充分的体现。

二、体育赛事直播版权交易过程中出现的问题

(一)体育赛事直播节目遭遇盗播侵权

由于我国体育产业的发展与相关法律立法、执法步伐不一致,体育赛事直播节目时常遭遇盗播侵权。2019年7月17日,苏宁体育委托律师向杭州互联网法院提起了诉讼。苏宁体育认为,浙江电信、杭州电信未经授权而转播了2019赛季中超联赛第八轮广州恒大对阵北京国安的赛事,侵犯了苏宁体育所享有的转播权,其不正当行为扰乱了市场秩序[1]。据SportsPro报道,根据视频技术公司Synamedia和市场研究公司Ampere Analysis的最新研究报告,由于盗版存在,体育服务提供商及版权商每年损失高达283亿美元的收入,若消除盗版,仅体育流媒体这一板块就能重新获得54亿美元的收入[2]。通过对大数据的监测,我们可以看到体育赛事直播市场并不乐观,盗播侵权严重破坏了市场竞争秩序。

在新媒体时代,盗版侵权的手段越来越先进,越来越隐蔽,危害也越来越大。例如,一些公司利用新技术开发一些应用程序,通过盗链内嵌的方式,使观众能够免费观看多种体育赛事,以此来获取用户的浏览和点击率,然后通过广告、游戏等模式牟利。另外,除了盗播这种主观的侵权事件,也存在客观的侵权事件。比如,现在兴起了很多直播App,体育的、娱乐的……这种直播App的特点是它的使用门槛很低,只要拥有一部智能手机,下载了直播App,每个人都能成为直播源。用户在观看体育赛事时打开直播,这种无意识的侵

---

① 资料来源:https://www.thepaper.cn/newsDetail_forward_8209853。
② 资料来源:https://www.jiemian.com/article/5819286.html。

权也给当前的司法认定和举证带来了一定的困难。

(二) 维权难度大,违法成本低

版权保护与版权的价值息息相关,任何侵权行为都会影响版权的价值。在体育赛事直播版权保护方面,我国一直都存在着维权困难的问题,主要原因还在于体育赛事作品的认定。苏宁体育法务中心知识产权部总监郭晨辉认为,体育赛事转播类似于电影制作,也有一定的独创性,应该适用著作权保护;因为直播体育赛事时,虽然每台摄像机的机位是固定的,但拍摄角度的选择和画面的切换,仍有摄影师及导播的创作[①]。可见,体育赛事转播具有一定的独创性,转播的画面也应适用于著作权保护。

首先,维权难度大。在现实中,转播方在维权官司中常常因为体育赛事作品独创性不高而败诉。2015年,新浪网诉凤凰网的中超赛事侵权一案二审判决就是最好的例证。在2015年的一审中,朝阳法院判决凤凰网侵犯了新浪网对涉案赛事画面作品享有的著作权,认为转播的画面具有创作性。而在2018年的二审中,北京知识产权法院认为,涉案公用信号所承载的画面未达到电影作品的独创性高度。因而驳回了新浪网一审中所有的诉讼请求。一审与二审判决结果的大反转,让我们看到了版权性质认定问题的复杂性。这场侵权案历时5年,最终维持了一审判决,新浪网胜诉了。但其中的版权认定和创作性认定的问题仍值得我们去研究。而在苏宁体育,这样的侵权案件还有很多。据澎湃新闻报道,截至2020年7月,苏宁体育发起一审待判决的案件还有300多件,取证侵权还未起诉的案件更是高达2700余件[②]。法律的缺失让侵权者钻了空子,滋生了体育赛事转播权的侵权恶习。

其次,违法成本低。侵权者通过各种方式盗播,如破解网站、盗取直播信号是他们惯用的伎俩。此外,他们还会屏蔽原直播画面水印和声音,给取证维权带来了困难。在被侵权方起诉的过程中,由于证据不足或法律上的"避风港原则"和"红旗原则"等情况,被侵权方的权益很难得到维护。此外,网络直播平台的版权防御技术落后于侵权者的破解技术,使侵权者轻而易举地拿到了直播信号流。直播版权方应警惕起来,加强网络直播平台的技术安全防御能力。

(三) 用户付费习惯尚未形成

观看体育赛事直播节目的用户尚未养成付费观看的习惯,没有意识到自己的行为已经侵权,缺乏版权保护意识,是盗播侵权现象屡禁不止的一大原因。纵观世界体育,体育赛事收入大部分来源于赛事的版权收入,而赛事版权收入又得益于用户付费观看。发达国家版权机制运作相对比较成熟,付费观看模式在国外的发展已有一定的规模,但在我国仍为起步阶段,用户整体的付费习惯尚未形成。

由于国内外版权运营的情况存在差异,付费观看模式在我国的发展并不是顺利的。目前,大部分国外大型体育赛事直播版权都是由中央广播电视总台垄断的,地方电视台要

---

① 杜颖梅,张锋,江晓峻.体育产业迎来知识产权新赛场[N].江苏经济报,2019-04-26。
② 资料来源:https://www.thepaper.cn/newsDetail_forward_8209853。

想播放节目资源必须经中央广播电视总台授权并向其支付版权费用。公共电视平台观看体育赛事直播是不需要支付节目观看费用的,这就造成了大部分用户存在免费观看体育赛事的习惯。

在互联网高度发达的今天,人们免费观看赛事的习惯与市场的矛盾开始显露出来。互联网直播平台和移动媒体的出现,解决了用户随时随地观看体育赛事直播的问题。随着国家越来越重视知识产权的保护,互联网平台的运营也必须在法律的框架下运作。互联网直播平台要获得体育赛事直播版权就必须购买相关版权,如央视频、咪咕等互联网平台的大型体育赛事直播也是从央视获得互联网直播版权的。由于互联网直播平台运作成本的增加,互联网也逐步从免费模式走向灵活的付费模式,采用了单场或单个赛事付费,包周、包月或包年付费,会员充值等付费方式为用户提供体育赛事直播节目。然而,还有一部分人在短时间内难以适应付费观看模式,而到处寻找盗播侵权资源,由于"市场"有需求,从而给了盗播侵权者可乘之机。

(四)体育赛事版权存在泡沫化

国外大型体育赛事直播版权的溢价仍处于高位,与中国版权市场心理下行预期存在差距。2020年9月3日,在英超新赛季即将开赛的前一周,英超官方发布了一则声明,宣布与PP体育提前终止合约。随后,PP体育也发表声明,因PP体育与英超在版权价值方面存在分歧,宣布终止与英超的合作。2020年9月4日,PP体育再次发表声明,将会为英超新赛季的会员全额退款。英超与PP体育解约,版权费是直接导火索。3年5.64亿英镑(约51.14亿人民币)的版权成本,相比于前一个3年版权周期6000万美元(约4.15亿人民币)的版权费,翻了约12倍,远远超出了PP体育的承受范围。这是英超版权方与中国转播方需要直接面对的问题,这也是中国版权运营方与海外版权持有方之间的市场博弈。

天价的版权费用与艰难的变现之间的矛盾是体育赛事直播版权市场泡沫的体现。未来局势难以判断,各大互联网平台回归理性运作,体育赛事版权市场适时降温和重新定位,泡沫化得到初步的抑制。

三、体育赛事直播版权保护策略

(一)完善体育赛事版权相关立法

习近平在十九届中央政治局第二十五次集体学习时指出,我们要清醒看到不足,全社会对知识产权保护的重要性认识需要进一步提高;随着新技术新业态蓬勃发展,知识产权保护法治化仍然跟不上;知识产权领域仍存在侵权易发多发和侵权易、维权难的现象,知识产权侵权违法行为呈现新型化、复杂化、高技术化等特点[①]。因此,有必要加强知识产权保护工作的顶层设计,通过完善相关立法明确对体育赛事直播版权的保护。

《著作权法》对广播权进行了重新定义,第十条第十一款规定的"广播权,以有线或者

---

① 习近平.全面加强知识产权保护工作 激发创新活力推动构建新发展格局[J].求是,2021(03):4-8.

无线方式公开传播或者转播作品,以及通过扩音器或者其他传送符号、声音、图像的类似工具向公众传播广播的作品的权利,但不包括信息网络传播权,即以有线或者无线方式向公众提供,使公众可以在其选定的时间和地点获得作品的权利",明确了电视平台和互联网平台直播体育赛事的权利边界,进一步保护了体育赛事版权方的权益。

新《体育法》条文中只有第五十二条明确提出,"未经体育赛事活动组织者等相关权利人许可,不得以营利为目的采集或传播体育赛事活动现场图片、音视频等信息。"然而,仅仅靠这样一条纲领性的内容,保护力度还远远不够,关于体育赛事版权的保护,还需要和《著作权法》有效衔接,真正落到实处,期待进一步的相关司法解释及实施细则出台,从《体育法》的角度和《知识产权法》的角度对其进行双重保护,真正保护体育产业[①]。

(二)提高和加强知识产权保护意识

2020年11月30日,习近平在中央政治局第二十五次集体学习时强调,我们要认清我国知识产权保护工作的形势和任务,总结成绩,查找不足,提高对知识产权保护工作重要性的认识,从加强知识产权保护工作方面,为贯彻新发展理念、构建新发展格局、推动高质量发展提供有力保障。以习近平关于知识产权重要论述作为行动指南,提高和加强体育赛事相关权利人和普通观众的知识产权保护意识。

知识产权保护意识需要各方的努力配合。第一,体育赛事观看者应该建立起付费观看的意识,树立起版权保护的观念。目前,国内外存在着大量可以免费观看盗版体育赛事直播的站点或App,但是这种盗播视频观感相对较差,画面较为模糊。这种盗播行为侵害了体育赛事直播方的权益,也造成了用户认为赛事转播可以找资源免费观看的侥幸心理。赛事观看者应该消除这种错误的观念,提高版权保护的意识。第二,体育赛事直播方应该建立起数据保护制度,从法律、技术和管理方面加强对体育赛事直播画面的保护,明确版权归属和使用规则。第三,政府部门要贯彻落实习近平总书记关于知识产权的重要论述,建立知识产权领域诚信体系,加强宣传教育工作,通过定期公布侵权案件和发布相关案例,让侵权者警戒起来,让人们意识到盗播侵权的危害,形成社会层面的知识产权保护氛围,推动体育产业向前发展。

(三)打造国内精品体育赛事品牌

习近平总书记指出,创新是引领发展的第一动力,保护知识产权就是保护创新。当前,我国正在从知识产权引进大国向知识产权创造大国转变,知识产权工作正在从追求数量向提高质量转变[②]。加快知识产权改革,提升知识产权实力,可以加快激发社会创新活力。打造我国国内精品体育赛事品牌,就是在提升我国的知识产权实力,关系到体育产业高质量发展,关系到人民幸福生活。

打造国内精品体育赛事品牌,从技术上来讲,要提高转播制作的能力。从内容上看,要提高赛事本身的竞技水平。只有优秀的媒体作品才能够吸引人们的注意力,才能够实

---

① 资料来源:http://www.lanxiongsports.com/posts/view/id/22746.html。
② 习近平.全面加强知识产权保护工作 激发创新活力推动构建新发展格局[J].求是,2021(03):4-8。

现版权外延输出。只有打造出自己强有力的体育赛事品牌,才能在版权市场上获得竞争优势,版权价值才能够真正得到提升。版权交易需要由市场来调节,当买方市场有更多的选择性时,卖方市场就存在竞争对手,在交易过程中买方可以根据自己的实力和市场的需要,在合理的价格下完成交易,从而减少交易的泡沫化。

如果国内品牌体育赛事提升了关注度,赢得了受众注意力资源,这在一定程度上可以减少对国外进口版权的依赖。同时,打造国产精品体育赛事品牌的同时,既要努力探索也要虚心学习,结合我国的国情,学习国外品牌体育赛事运营的成功经验,提升体育赛事的版权盈利能力。

(四)优化市场环境,加强国际合作

习近平总书记强调,要推进知识产权领域国际合作和竞争,从"人类命运共同体"的高度,主张"坚持开放包容、平衡普惠的原则,推动全球知识产权治理体制向着更加公正合理方向发展"①,阐明了我国知识产权事业的国际立场。

一个公平公正的市场环境是保证版权顺利交易的基础。在交易过程中,交易双方可以根据合理的价格和受众的需求来交易,在良好的市场秩序条件下,不恶意涨价或抬价,整个交易过程是理性的,交易价值得到双方维护。只有市场保持良性循环,交易的双方才能共同创造更大的价值,确保行业健康、稳定、可持续发展。

时任北京冬奥组委运动员委员会主席杨扬表示,体育没有国界,全世界共享②。任何一项优秀的、热门的体育赛事都是国际体育赛事版权的热点,加强知识产权国际合作,可以进一步优化国际版权市场环境。互联网是互联互通的,世界上任何一个地方都有可能存在着盗播侵权的问题。虽然各个国家都对互联网侵权行为做了相应的规定,但由于管辖权的限制和判决执行的实际困难,通常被侵权后的法律追究和法律救济难以得到保证。所以,加强知识产权国际合作,需要各国共同努力,加强区域执法合作,并确保侵权责任认定相关程序措施的执行,这样才能切实推进保障权利人的合法权益。

体育赛事直播版权交易本身就是一个非常复杂的问题。体育赛事直播版权得不到有效保护的一个主要原因就是立法滞后于产业发展,政府部门和各级人大应尽快加强建章立法的调研,出台体育赛事版权保护的法律法规,填法律法规空白,补执法漏洞,保护体育赛事版权相关权利人的合法权益,有效地保证被侵权方的法律救济。另外,有了完善的法律法规,还可以对欲侵权者起到威慑作用,使其望而却步,减少体育赛事版权侵权行为的发生。我国体育赛事版权持有方应努力打造精品赛事品牌,探索中国特色的体育赛事直播版权保护与运营模式,提升我国体育赛事国际影响力,获取更多的受众注意力资源,增加体育赛事版权出口,获得版权竞争优势。同时,更需要多方联动,共同合作,以习近平知识产权重要论述作为精神指引和行动指南来维护体育赛事的版权价值。

---

① 习近平.全面加强知识产权保护工作 激发创新活力推动构建新发展格局[J].求是,2021(03):4-8。
② 资料来源:http://www.xinhuanet.com/2022-02/02/c_1211551797.htm。

附录 导播工作有关术语

一、摄像术语（以人体部位取景术语）

(1) 最大远景（表现宏大场面的景别）；

(2) 远景（人全）；

(3) 全身景、全景；

(4) 膝上景（中景）；

(5) 腰上景（中近景）；

(6) 胸上景（半身景、近景）；

(7) 特写（颈上景）；

(8) 大特写（局部）；

(9) 最大特写（局部某细节）；

(10) 过肩景（如以主持人为主体的过肩镜头）；

(11) 二人景；

(12) 三人景；

(13) 团体景；

(14) 群众景。

二、摄像师操作术语

(1) 松景；

(2) 紧景；

(3) 中景；

(4) 近景；

(5) 俯角；

(6) 仰角；

(7) 前移；

(8) 后退；

(9) 左推；

(10) 右推；

(11) 左摇；

(12) 右摇；

(13) 抬头；

(14) 低头；

(15) 推；

(16) 拉；

(17) 升高；

(18) 降低；

(19) 头上留天；

(20) 脚下留地；

(21) 对准焦点；

(22) 调整画面；

(23) 吊左/右、前/后。

三、音乐/音效操作术语

(1) 试音量；

(2) 开麦克风；

(3) 准备音乐；

(4) 放音乐、音乐突起；

(5) 音乐轻起；

(6) 音乐停止；

(7) 音乐渐消；

(8) 音乐降低；

(9) 音乐衬底；

(10) 音乐起；

(11) 音乐交叉。

四、视频切换操作术语

(1) 淡入；

(2) 淡出；

(3) 跳接；

(4) 切入；

(5) 切出；

(6) 叠；

(7) 划；

(8) 叠印；

(9) 彩色嵌空。

五、直播术语

(一) 直播前(3 min 准备时间)

(1) 各岗位请注意,离开播还有 3 min;
(2) 各岗位请注意,离开播还有 1 min;
(3) 各岗位请注意,离开播还有 30 s,摄像准备,录音准备,现场安静!
(4) 准备开播,10 s 倒计时。10、9、8、……、3、2、1。开始,淡入 2 号机位。
注意:倒计时由导播发出,各岗位静音。

(二) 直播中

(1) 切 1 号机位,3 号机位准备;
(2) 切 3 号机位,2 号机位请保持;
……
注意:直播过程中可以反复使用视频切换操作术语、摄像师操作术语、音效操作术语等。

(三) 直播结束后

直播结束,谢谢大家!请各摄像师把机器锁好!录像师保留好录像带!
注意:可以鞠躬的方式,或者伸出大拇指表示感谢!